"엄마만이 해줄 수 있는 '적기글쓰기'를 시작하세요"

먼저 적기글쓰기를 실천한 엄마(교사)들의 찬사

아이들을 처음 만났을 때만 해도 책 읽기도 싫어하고 생각하는 것 자체를 귀찮아하는 모습에 고민이 많았습니다. 하지만 적기글쓰기를 실천하여 몇 개월이 지나자 아이들에게 변화가 생겼습니다. 그중에서도 가장 큰 변화는 학교 시험에서 서술형 문제에 더 이상 두려워하지 않게 되었다는 점입니다. 잘 쓰게 하려고 욕심 내지 않고, 아이 수준에 맞는 글쓰기를 지도한 것이 효과를 본 것 같습니다.   _ 신지현 방과 후 돌봄교사

적기글쓰기 강의를 통해 남에게 보여 주기 위한 글이 아니라 자신을 위한 글을 써야 함을 깨달았습니다. 어렵고 지루하기만 한 글쓰기가 아니라 아이들을 스스로 변화시키는 힘을 가진 선생님만의 코칭 노하우를 만날 수 있었습니다.
_ 김경란(초등 5학년 한솔, 2학년 한빛 엄마)

"그래서 뭐 써?" 독서록을 앞에 두고 뭘 써야 할지 막막해하는 아이를 보며 의지가 없는 것이라며 오해를 하곤 했습니다. 장서영 선생님의 강의를 들은 후 제가 어떤 잘못을 해왔는지 깨달았습니다. 선생님은 단순히 글쓰기 기술이나 요령을 가르치지 않습니다. 덕분에 아이에 대한 이해와 기다릴 줄 아는 여유가 생겼습니다.   _ 정인숙(초등 6학년 은휘, 3학년 혜성, 1학년 은진 엄마)

장서영 선생님의 적기글쓰기 수업을 통해 글쓰기에 앞서 아이를 먼저 바라보

게 되었습니다. 부모로서 어떤 도움을 주어야 할지 생각하고 답을 찾아가는 계기가 되었습니다.

_ 피정은 (초등 2학년 선래 엄마)

자신을 표현하는 적기글쓰기를 만나고 난 뒤, 글을 쓸 때마다 어떻게 써야 하느냐고 묻던 아이들이 이제는 자신이 쓴 글을 보고 뿌듯해하며 소중히 간직하게 되었습니다.

_ 이영숙 (초등 4학년 동찬, 2학년 동욱 엄마)

글쓰기는 어렵게만 느껴졌습니다. 그런데 선생님의 강의를 들은 뒤 글쓰기에 대한 편견이 깨졌습니다. 덕분에 아이에게 글쓰기의 기초를 만들어 줄 수 있었습니다.

_ 배미영(초등 1학년 경서 엄마)

지난 해 딸아이는 학교 문집에 실린 자신의 글이 다른 아이의 글에 비해 너무 못쓴 거 같다며 풀이 죽어 있었습니다. 그런 아이를 도와주고 싶어 장서영 선생님의 강의를 들었습니다. 두서없던 아이의 글이 전보다 짜임새 있게 되어 가는 모습을 보며 아이도 저도 글쓰기에 대한 자신감이 생겼습니다.

_ 강은이(초등 2학년 해든 엄마)

독서량에 비해 표현력이 낮은 아이의 글을 보며 늘 아쉬웠습니다. 그러나 막상 아이들을 어떻게 가르쳐야 할지 몰랐습니다. 다행히 적기글쓰기를 통해 지도 방향을 잡을 수 있었습니다. 또 글쓰기 교육으로 아이와 소통하는 계기를 만들 수 있었습니다.

_ 김지영(초등 6학년 민지, 2학년 민서 엄마)

장서영 선생님 수업으로 글쓰기 지도가 그리 어려운 게 아니라는 걸 새삼 느꼈습니다. 아이의 생각을 여는 방법을 알게 되었고, 아이와의 소통에도 자신감이 생겼습니다.

_ 이경순(초등 6학년 종원, 1학년 종우 엄마)

초등
적기글쓰기

초등 적기글쓰기

초판 1쇄 발행 2016년 1월 15일
초판 7쇄 발행 2021년 12월 10일

지은이 장서영 **펴낸 곳** 글담출판사 **펴낸이** 김종길

책임편집 이경숙
편집 이경숙 · 이은지 · 김보라 · 김윤아 · 안수영 **디자인** 박윤희
영업 김상윤 · 최상현 **마케팅** 정미진 · 김민지 **관리** 박지웅

출판등록 1998년 12월 30일 제2013-000314호
주소 (04029) 서울시 마포구 월드컵로 8길 41(서교동483-9)
전화 (02)998-7030 **팩스** (02)998-7924
이메일 geuldam4u@naver.com **페이스북** www.facebook.com/geuldam4u
블로그 http://blog.naver.com/geuldam4u

ISBN 979-11-86650-08-0 13370
책값은 뒤표지에 있습니다.
잘못된 책은 바꾸어 드립니다.

글담출판에서는 참신한 발상, 따뜻한 시선을 가진 원고를 기다리고 있습니다.
원고는 글담출판 블로그와 이메일을 이용해 보내주세요. 여러분의 소중한 경험과 지식을 나누세요.
블로그 http://blog.naver.com/geuldam4u **이메일** geuldam4u@naver.com

★ 글쓰기를 멈추는 순간 아이의 생각도 멈춘다 ★

초등 학년별 아이의 성장에 필요한 글쓰기만 모은 첫 책!

초등 적기글쓰기

장서영 지음

"글쓰기 능력은 스펙을 뛰어넘는 힘이 있다.
미래엔 글쓰기가 핵심 역량이다."

_경영학 대가 피터 드러커

학년별
글쓰기 과제
완벽 지침서

글담출판

세상은 더 이상
아이의 머릿속에 얼마나 많은 지식이
담겨 있는지 묻지 않는다

"아휴~ 글쓰기 너무 어려워요. 무슨 말부터 써야 할지 모르겠어요."

아이들이 하는 말이 아니다. 성인을 대상으로 한 글쓰기 강연에 참석한 어른들의 하소연이다. 대부분의 성인들은 글쓰기에 대한 두려움을 안고 있다. 배울 만큼 배웠고 학창시절 나름 공부도 열심히 했는데, 글 한편은커녕 일기조차 쓰기 어려우니 스스로 생각해도 한심하다는 것이다. 책을 많이 읽는다는 사람들조차 글을 어떻게 써야 할지 답답하다는 말을 많이 한다.

사람은 '언어적 존재'라 할 만큼 본능적으로 의사소통의 욕구를 가지고 있다. 말이나 글, 춤이나 노래 등 다른 사람에게 어떤 식으로든 자신의 생각을 전달하고 싶어 한다. 이 중에서도 단연 최고의 표현 수단은 글로써 자신의 생각을 나타내는 일이다. 현대인에게 있어서 가장 중요한 능력으로 사람들의 로망이 되기도 한다. 그러나 바람과는 다르게 글쓰기의 현실은 두렵기까지 하다. 글쓰기 공포를 끌어안고 살 수 밖에 없는 성인들의 이러한 모습이 초등 시기부터 글쓰기를 해야 하는 현실적인 이유가 될 것이다.

대부분의 가정을 들여다보면, 자녀가 글을 잘 쓰기를 바라지만 무엇을 어떻게 도와줘야 할지 모르겠고 학원에 보내자니 실력이 느는 것 같지 않아 고민이다. 그렇다고 직접 가르치자니 막막하고, 답답해서 소리를 지르다 보면 아이와 관계만 나빠질 뿐이다. 그러는 사이 어느새 아이는 글쓰기를 싫어하고 어려워하게 된다. 그렇게 부모의 글쓰기 공포는 아이에게 대물림된다.

이에 대한 해법으로 이 책에서는 글쓰기 공포를 없애고 글쓰기와 마주할 수 있는 방법을 안내하고자 했다. 글쓰기가 어떤 단계를 거쳐 발달하게 되는지 알면 아이를 이해하게 되어 지도가 한결 수월해질 것이다. 최소한 학창 시절에 글쓰기 방법을 익혀 적용할 줄 알면 학습 향상에 아주 효과적이라는 것을 알게 될 것이며, 짧은 시간을 투자해 얻을 수 있는 기술쯤으로 글쓰기를 여기지 않게 될 것이다.

세상은 이제 아이의 머릿속에 얼마나 많은 지식이 담겨 있는지 묻지 않는다. 지식이 아닌 지혜를 요구하며, 어떻게 생각하는지에 대해 묻는다. 인터넷을 열면 넘쳐나는 정보의 바다 속에서 지식이나 정보를 그저 주워 담는 것이 아니라, 활용하되 그에 대한 독창적인 생각을 펼쳐보라고 한다. 그러기 위해서는 의사소통 능력, 즉 읽기와 쓰기 능력을 갖추어야 한다. 잘 읽고 잘 써야 나의 생각을 잘 전달할 수 있기 때문이다. 그런데 이러한 능력은 결코 단기간에 만들어지지 않는다. 연령 및 수준에 맞춰 차근차근 배워 갈 때 그 능력이 조금씩 향상되는 법이다.

적기독서가 책 읽기의 답이듯 글쓰기 역시 적기에 이루어져야 한다. 적기글쓰기의 목표는 아이의 성장을 돕고 삶을 가꾸어 주는 일이다. 적기글쓰기가 생소한 분들을 위해 적기글쓰기의 의미와 중요성 그리고 초등 시기에 익히는 글쓰기의 다양한 효과들을 중점적으로 소개하였다. 또한 가정에서 부담 없이 실천할 수 있도록 시기에 맞춰 익혀야 하는 글쓰기 지도법을 담았다. 취학 전 자녀 및 초등 자녀를 둔 학부모와 아이들을 지도하는 학교 안팎의 선생님들에게 도움이 되리라 기대한다.

글 못 쓰는 사람이 글쓰기 책을 냈으니 이제 지탄받을 일만 남았다. 변명을 하자면 나의 경험과 노하우를 아이들 글쓰기 지도에 참고할 수 있는 정도라고 생각해 주면 좋겠다. 또한 자녀를 위한 글쓰기 코칭 강연 때마다 시간이 짧아 못 다한 내용들을 이 책의 지면을 빌려 담았으니, 부족한 글은 넓은 아량으로 이해해 주길 바란다.

여기 실린 대부분의 글은 아이들의 일기와 독서감상문에서 발췌한 것이다. 아이들의 글쓰기 발달 과정을 보여 주기 위해 원문 그대로 옮겼다. 내용의 이해를 방해하는 정도의 맞춤법은 일부 고쳤으나 대부분 그대로 소개하였다. 아이들의 글을 통해 아이들을 이해할 수 있고, 또 지도 계획을 세울 수 있기 때문에 가능한 많이 보여 주고자 했다.

책의 모양새를 갖출 수 있도록 선뜻 글을 내준 재혁, 고은, 혜주, 동열, 범석, 대식, 한봄, 수지, 세연, 한솔, 성민, 연우, 채원, 선규, 해찬, 석우, 태희, 해인, 승렬, 세아, 수아, 진규, 서윤, 정우, 상우, 해든, 한결, 지윤, 아영, 삼환, 민경, 승현이 그리고 이 아이들의 어머니에게 감사의 마음을 전한다. 그리고 자료 수집에 도움을 준, 든든한 동료이자 후배인 정인숙 선생님을 필두로 한 마중물 연구회에 감사드린다. 늘 도움말을 아끼지 않는 더

스터디 학습코칭센터 박중근 원장님과 글쓰기 지도서에 관심을 갖고 제작에 힘써 준 글담출판사 가족 여러분에게도 감사드린다. 특히 열정과 애정을 넘치게 보내 준 이경숙 편집자에게 깊은 감사를 전한다.

 차례

머리말
세상은 더 이상 아이의 머릿속에 얼마나 많은 지식이 담겨 있는지 묻지 않는다

✦ **1장** ✦
똑똑한 부모도 글쓰기 교육을
놓칠 수밖에 없었던 오해들

✦ **2장** ✦
초등 아이, 적기글쓰기를 잡아라

2-1. 이것이 바로 초등 글쓰기의 힘이다

+ 3장 +
# 적기의 기준은 '아이'다

3-1. 발달 단계로 체크해 보는 아이의 글쓰기

✦ 4장 ✦
글쓰기의 첫인상이 결정되는 1학년
· 일기 쓰기 정복 ·

✦ 5장 ✦
호기심은 키워 주고
아는 것은 다져 줘야 하는 2학년
· 생활문 쓰기 정복 ·

+ 1장 +

똑똑한 부모도 글쓰기 교육을
놓칠 수밖에 없었던 오해들

교육의 우선순위를
재조정하라

현장에서 만나는 엄마들은 하나같이 아이의 글쓰기를 걱정한다. 그런데 정작 글쓰기 교육에는 소홀하다. 우리 사회에 여전히 만연한 글쓰기에 대한 오해와 편견들이 부모의 눈을 가리고 있기 때문이다.

글쓰기는
써먹을 데가 없다

아이가 학교에서 일기(독서감상문) 과제를 받아왔을 때, 아마 대다수 부모들은 겁부터 덜컥 났을 것이다.

'어떡하지? 도와주긴 해야 할 텐데, 어떻게 도와준담?'

아무리 머리를 굴려 봐도 도무지 무엇부터 해야 할지 감이 오지 않아 난감하기 짝이 없다. 거기에 아이가 일기 쓰는 걸 힘들어하기라도 하면 버럭 언성부터 높이고 만다.

"왜 못 써. 선생님이 가르쳐 줬을 거 아냐!"

그러면서도 아이의 부담감을 덜어 주고자 자못 아무것도 아니라는 투로 말을 한다.

"일기가 뭐 별거야? 오늘 있었던 일 중에서 가장 기억에 남는 거 쓰면 돼."

말은 이렇게 하면서도 마음이 편치 않다. 아이가 여전히 '어떻게 쓰라고요?' 하는 표정을 지을 때는 더욱 그렇다.

이와 같은 사정은 어느 집이나 마찬가지다. 아이가 학교에 다니는 내내

이와 같은 글쓰기와의 전쟁은 계속된다. 감히 전쟁이라는 용어를 쓴 까닭은 글쓰기 과제가 주어진 그날부터 가정의 평화가 조금씩 깨지기 때문이다.

| 잘 써야 성공하는 시대 |

지금 세상은 그야말로 글쓰기 열풍이다. 학교 평가에서 논술형·서술형 시험의 출제 비중이 높아진 지는 이미 오래다. 객관식 문제 일색이던 시험이 점차 단답형 문제를 추가하는 방식으로 바뀌더니, 이제는 전 과목에서 서술형 문제가 출제되고 있다. 50자 이상을 적어야 하는 논술형 문제도 자주 등장한다. 게다가 객관식 문제에 비해 서술형과 논술형 문제의 배점이 크다는 게 문제다. 객관식은 문제당 배점이 1점에서 3점에 불과하지만, 서술형 및 논술형은 문제당 5점에서 10점을 주기 때문에 한 문제만 틀려도 성적이 뚝 떨어진다.

상급 학교에 진학할 때도 자기소개서와 논술, 구술이 당락을 좌우하고 있다. 외국어고와 과학고를 비롯한 특목고, 대안학교와 특성화고에 지원하기 위해서는 자기소개서와 담임교사의 추천서를 첨부해야 한다. 심지어는 학부모 소개서까지 요구하는 학교도 있다. 성취평가제의 도입으로 내신 성적의 변별력이 떨어지면서 자기소개서와 면접이 당락을 결정짓게 된 것이다. 성취평가제란 상대평가에서 학생들이 성취해야 할 목표 중심의 절대평가로 바뀐 것으로, 일정 기준 이상의 점수에 따라 'A, B, C …' 등급이 매겨진다.

학교를 졸업하고 취업을 할 때도 상황은 크게 다르지 않다. 뉴스에 따르면, 삼성, 현대와 같은 주요 대기업들의 채용 기준이 파격적으로 바뀌었다. 스펙 중심으로 인재를 선발했다가 실패한 경험이 쌓이면서 인성을 중심으로 사고력과 통찰력을 갖춘 사람을 뽑겠다고 공표한 것이다. 이를 평가하기 위해 내세운 것이 바로 자기소개서와 면접이다.

취업의 문턱을 넘어섰다고 하자. 그러면 글쓰기로부터 자유로워지는 걸까? 결코 아니다. 기획서와 보고서까지 문서 작성 하나하나가 모두 글쓰기와 연관되어 있다. 그러다 보니 최근에는 실용글쓰기 서적들이 직장인들로부터 호응을 얻고 있다. 이처럼 글쓰기는 우리의 삶과 끊으려야 끊을 수 없는 관계다. 전공이 무엇이든, 어떤 일을 하든 상관없이 글쓰기 능력은 사회 전반에서 요구하는 가장 기본적인 능력으로 자리 잡은 것이다.

세계적으로 유명한 미국의 매사추세츠 공과대학(MIT)은 글쓰기를 필수 과목으로 지정하고 글쓰기 센터를 설립했다. 졸업생들이 건의했기 때문이다. 대부분 기술·과학계로 진출하는 그들이 왜 이런 건의를 했던 것일까? 현장에 나가 일을 해보니, 업무의 35% 이상이 글쓰기와 관련되어 있다는 걸 깨달았기 때문이다. 그래서 대학에서 글쓰기 능력을 키워 주어야 한다고 강력하게 건의했던 것이다. 사실 출발은 다른 명문 대학들보다 좀 늦은 편이었다. 하지만 1982년 글쓰기 센터가 설립된 이래 꾸준히 발전하고 있으며, 해마다 점점 더 많은 사람들이 이 센터의 도움을 받고 있다. 이렇듯 분야를 막론하고 글쓰기의 중요성은 갈수록 높아지고 있다.

이러한 시대의 흐름을 반영이라도 하듯 개정된 교과서에서 글쓰기 비중은 월등히 높아졌다. 자기 생각을 바르게 표현할 수 있도록 '정보를 전달하는 글, 설득하는 글, 정서 표현의 글' 등 다양한 목적의 글쓰기를 배운다. 이와 더불어 글쓰기의 가치와 중요성, 쓰기의 생활화 등 글쓰기의 올바른 태도를 교육받는다.

과거 교과서는 책을 읽은 뒤 독서감상문을 쓰거나 작문을 하는 정도에 머물렀다. 가령 어른에게 높임말 쓰는 방법을 가르친 뒤 부모님에게 편지 쓰기 활동으로 마무리하는 식이었다. 글쓰기 과정을 설명해 주기보다는 단원을 학습한 뒤에 잘 이해했는지 확인하는 정도에 그쳤다.

하지만 개정된 교과서에는 글의 종류에 따른 글쓰기 과정이 단계별로 아주 상세히 안내되어 있다. 특히 5학년 국어 교과서는 한 단원을 '글쓰기의 과정'으로 할애하고 있다. 글쓰기 과정을 통해 '글감을 고르고 쓰기 위한 회상 방법'과 '조직하는 방법' 그리고 '글의 개요를 세워 글을 쓴 뒤에 고치는 방법'까지 상세히 배운다. 과정 하나하나가 충실하게 안내되어 있어서 글쓰기 과정을 지도하는 교본과도 같다.

│ 초등 시기, 꼭 글쓰기를 배워야만 하는 걸까? │

글쓰기 능력을 굳이 초등학교 시기에 길러야 하는 까닭은 무엇일까?
'상급학교에 진학할 때 학원의 도움을 받으면 되지 않을까?'
'대학교에서 실시하는 글쓰기 교육으로 충분하지 않을까?'
아마 이런 생각을 하는 부모들도 있을 것이다. 하지만 글쓰기는 적당히 해도 된다는 이러한 생각들이 아이들의 앞길을 어둡게 만든다.

글쓰기 역시 배우고 익혀야 발달하는 능력으로, 글쓰기 교육의 적기는 초등학교 시기다. 그 까닭은 첫째, 언어 발달의 절정을 이루는 시기가 초등학교 때이기 때문이다. 언어를 관장하는 두뇌의 두정엽과 측두엽이 최고조로 발달하는 시기인 만큼 언어 발달에 자극을 더해 줄 글쓰기 교육이 필요하다. 인지 발달 심리학자인 피아제도 초등학교 시기를 언어 교육의 적기라고 주장하고 있다.

두 번째 까닭은 글쓰기에 대한 두려움이 없을 때 시작해야 하기 때문이다. 나이가 들수록 글쓰기의 두려움은 커진다. 성인들은 글쓰기를 못해서라기보다 평가에 대한 두려움 때문에 시도조차 하지 못한다. 중학생만 되더라도 외부 시선에 크게 영향을 받기 때문에 글쓰기의 공포로부터 자유롭지 못하다. 따라서 두려움이 없을 때 몸에 습관이 들게 하여 글쓰기 능력을 키워 주는 것이 가장 안전한 방법이다.

글쓰기의 원천은 생각하는 능력이다. 생각하지 않고서는 절대로 글을 쓸 수가 없다. 그런데 생각하는 능력은 하루아침에 만들어지지 않는다. 초등학교 시기부터 적절한 교육이 이루어져야 사고력과 함께 글쓰기 능력이 제대로 길러진다.

어느 날 생명공학을 전공하고 있는 대학생 제자가 찾아와 푸념을 잔뜩 늘어놓았다.

"공대라서 글을 안 써도 되는 줄 알았어요. 그런데 시험 대신 리포트를 제출하는 경우도 많고, 연구 과제를 쓰는 일도 무척 많아요. 요즘엔 글을 잘 쓰는 친구가 제일 부러워요."

우리나라 대학에도 글쓰기 강좌가 상당수 개설되어 있다. 그만큼 많은 학생들이 글쓰기의 필요성을 느끼고 있기 때문일 것이다. 또한 사회에 진출하여 가장 많이 요구되는 능력이 글쓰기다. 이는 문·이과 할 것 없이 어디서나 필요로 하는 능력이다. 그동안 글쓰기는 그 가치에 비해 중요성을 인정받지 못해 왔다. 그러나 이제 글쓰기는 선택이 아니라, 미래 사회에서 요구하는 필수불가결한 능력이 되었다.

글자를 읽을 줄 알면
글도 쓸 수 있다

오랜 기간 현장에서 아이들을 가르치고 있지만, 지금까지 글쓰기가 즐겁다는 아이를 별로 본 적이 없다.

"글을 꼭 써야 하나요?"

"글쓰기는 저랑 안 맞아요."

"글쓰기 좀 안 하고 살았으면 좋겠어요."

아이들이 이구동성으로 하는 말들이다.

그도 그럴 것이 우리나라 초등학생의 88% 이상은 글쓰기에 대한 부담을 안고 있으며, 학년이 올라갈수록 글쓰기를 싫어하는 경향을 보인다. 부모들 역시 그러한 아이 때문에 골치다.

"책 읽기는 좋아하는데 글쓰기를 싫어해요."

"저학년 때까지는 곧잘 쓰더니, 고학년이 되니까 도통 쓰려고 하지 않아요."

하나같이 이와 같은 고민을 털어놓는다.

아이들은 언제부터, 왜 글쓰기를 싫어하게 되는 걸까? 조금 과장된 면이 있겠지만, 일기나 독서감상문 쓰기를 시작하면서부터일 것이다. 그도 그럴 것이 초등학교에 입학하는 순간 일기(독서감상문) 쓰기를 강요받고, 글쓰기가 무엇인지 알기도 전에 글쓰기를 통해 자신의 실력을 평가받는다. 당연히 글쓰기가 어렵고 싫을 수밖에 없다.

무슨 일이든 사전 준비를 철저히 하면 훨씬 더 잘할 수 있다. 글쓰기도 마찬가지다. 기본은 우리말을 읽고 쓸 줄 알아야 한다. 누가 더 많은 어휘력을 확보하고 있는지, 더 많은 문장 이해력을 지니고 있는지에 따라 글쓰기 준비도가 결정된다. 다시 말해 국어에 대한 이해가 부족하면 좋은 글을 쓰기 어려운 것이다. 따라서 글쓰기 교육은 올바른 한글 교육에서 시작되어야 한다.

그렇다면 현재 우리 아이들의 한글 교육은 어떤 식으로 진행되고 있을까? 학교에서 한글의 자모를 배우고 익힐 기회는 1학년 1학기 때다. 이 시기에 한글의 낱자와 낱말의 읽고 쓰기를 배우고, 받침 없는 글자와 받침 있는 글자를 만들어 보며 한글을 익힌다. 하지만 대다수 부모들은 이 시기 안에 아이가 한글을 완벽하게 익히기 어렵다고 생각하여, 학교에 들어가기 전에 한글 교육을 끝마친다.

워낙 많은 가정에서 한글 학습을 선행하고 있다 보니, 한글을 배우지 못한 상태에서 입학한 아이들은 정해진 국어 시간에 한글을 익히기가 더 어렵게 되었다. 한마디로 학교에서는 가정에 맡기고, 가정에서는 학교에 의존하게 되니, 한글의 사각지대에 놓이는 아이들이 생기는 것이다. 그야말로 갓 입학한 아이들의 한글 활용 능력은 생각보다 훨씬 더 격차가 크다.

또 다른 문제점은 아이가 글을 읽을 줄 알면 쓰기도 쉬울 것이라고 생각한다는 점이다. 이는 부모들의 무지에서 오는 착각이다. 아이가 글자를 읽는다고 해서 그 뜻을 이해하는 것은 아니다. 글자에 담긴 뜻을 안다고 해서 자유자재로 활용할 줄 아는 것도 아니다.

이를테면 두 살짜리 아이가 거리를 지나가다가 약국 간판을 읽었다고 하자. 아이의 입에서 "베스트 약국!"이라는 말이 나왔을 때, 아마 주변에 있던 사람들은 "우와~ 영재 났네."라고 말하면서 아이의 엄마를 우러러볼 것이다. "와~ 어떻게 키웠어요? 좋으시겠어요." 사람들의 부러움과 호기심에 찬 시선에 아이의 엄마는 어깨를 잠깐 으쓱이며 대수롭지 않은 듯 행동하지만, 집에 오는 즉시 한글 교육에 더욱 매진할 것이다.

그런데 아이가 베스트 약국이라고 글자를 읽었을 때, 아이는 약국이 무엇을 하는 곳인지, 그 안에서 어떤 일들이 벌어지는지 알고 있었을까? 전혀 그렇지 않았을 것이다. 아이는 말 그대로 글자를 읽은 것에 불과하다.

우리가 보통 '읽기'라고 할 때는 이해의 의미까지 포함되어 있지만, 실제로 아이들의 읽기는 이해력이 빠진 글자 읽기에 그치는 경우가 많다. 특히 한글을 가르칠 때 단순히 글자를 조합하여 읽고 쓰는 교육에 치우치다 보면, 글자는 읽되 의미는 파악하지 못하는 경우가 많다.

아이들은 글자를 익힐 때 낱자보다는 통글자를 이미지로 받아들이게 된다. 그러다 보니 낱말을 읽을 줄 알아도 그 낱말이 문장 안에서 어떤 의미로 쓰이는지는 잘 알지 못한다. 일반적인 모국어 습득 과정으로, 이러한 현상은 고학년들의 추상어 획득 과정에서도 잘 나타난다. '강직하다'는 말을 이해시키는 과정에서 있었던 실제 사례다. 이 말의 뜻을 전혀 몰랐던 아이는 '굳세고 바르다'는 사전의 뜻을 있는 그대로 받아들여 "내가 가진 연필은 강직하다."라고 표현했다. 이 말이 사람의 성품을 수식할 때 쓰는 형용사라는 걸 몰라서 벌어진 현상이다. 즉 문자는 읽을 수 있지만 낱말의 쓰임새를 이해하지 못하다 보니 잘못 활용한 것이다.

낱말이 문장에서 어떻게 쓰이는지 알려 주기 위한 가장 좋은 방법은 아이 수준에 맞는 책을 읽게 하는 일이다. 저학년 때까지는 그림 이야기책을 많이 읽어 주면 좋다. 그림책을 읽으면 글이 어떻게 그림으로 표현되는지 익히게 된다. 낱말의 쓰임새도 알 수 있다. 고학년 역시 독서를 통해 추상어를 효과적으로 이해할 수 있다. 책을 읽으면서 그 안에서 벌어지는 상황과 문제 그리고 인물들의 행동을 좇는 사이, 아이는 어떤 상황에서 무슨 낱말이 쓰이는지를 자연스럽게 터득하게 된다.

글자를 아는 것과 글을 쓰는 힘은 별개의 능력이다. 글을 쓰기 위해서는 글자들이 가진 의미와 쓰임새를 잘 알아야 한다. 그런데 이제 겨우 글자를 익힌 아이에게 완벽한 글쓰기를 강요하니, 글쓰기가 어려울 수밖에 없다. 아이들이 글쓰기를 힘들어하는 것은 이 같은 무지에서 비롯되었다고 해도 과언이 아니다.

책을 많이 읽으면 글쓰기도 잘한다

"아이가 책 읽기를 좋아하면 당연히 글을 잘 써야 하는 거 아니에요? 그런데 우리 아이는 글을 못 써요. 도대체 문제가 뭘까요?"

읽기 상담은 곧 글쓰기 상담으로 이어지곤 한다. 개중에서도 가장 의아해하는 것이 바로 책은 제법 읽는데 글쓰기를 도통 어려워하는 아이의 행동이다. 보통 책 읽기를 좋아하면 글도 잘 쓸 거라고 생각한다. 물론 100% 틀린 생각은 아니다. 하지만 자판기에 동전을 넣으면 물건이 나오듯, 사람 역시 입력을 하면 출력이 될 것이라는 논리로 접근해서는 안 된다. 글쓰기는 아주 복잡한 사고 과정을 거쳐 이루어지기 때문이다.

쓰기와 말하기는 표현 수단으로써, 연습하고 훈련하는 시간이 필요하다. 어린 자녀가 언어를 습득할 때를 떠올려보라. 아이에게 매일 이야기를 들려주며 말하기를 기다렸을 것이다. 그리고 어설픈 발음으로 비슷하게 흉내라도 내면 열렬히 환호해 줬을 것이다. "그래, 그렇게 말하는 거야. 아주 잘했어!" 또 4세 가량의 자녀가 "엄마, 내가 이걸 발견했어! 봐봐!"라고 말한다면, "우와, 발견이라는 말을 어떻게 알았어? 멋진 걸?"이라고 호응해 줬을 것이다.

아이들은 엄마와 대화를 나누는 것이 즐겁고 책을 읽어 주는 엄마의 목소리가 좋기 때문에 마냥 떠들어 대고 읽어 달라고 조른다. 하지만 글쓰기는 머리로 생각한 것을 손으로 써내야 하는 작업으로, 생각하는 힘과 근육의 힘이 필요하다. 눈과 손의 협응력이 원활해야 하며, 공책을 펼쳤을 때 글자를 어디에 어떻게 배치해야 할지 공간에 대한 개념도 가지고 있어야 한다. 아이는 이 모든 걸 고민하면서 연필 잡은 손에 힘을 주게 된다.

글쓰기는 아이에게 결코 재미있는 활동이 아니다. 뿐만 아니라 글쓰기는 자신의 생각을 다른 사람이 이해하도록 표현해야 하는 복잡한 작업이다. 일반적으로 읽기보다 쓰기가 더 늦게 발달하는 이유다. 결과적으로 읽기와 글쓰기는 서로 영향을 줄 수는 있지만, 이렇듯 엄연히 다르다. 따라서 잘 읽는 아이가 반드시 잘 쓴다는 논리는 성립될 수 없다.

한편 대부분 아이들의 첫 글쓰기 경험은 그리 좋지 않다. 말을 배울 때처럼 칭찬을 받기는커녕 맞춤법이 틀렸다는 둥, 문장의 호응이 맞지 않는다는 둥, 왜 이런 내용을 썼냐는 둥 지적받기 일쑤다. 지적과 구박으로 점철된 글쓰기의 첫 경험은 글쓰기에 대한 공포를 갖게 하기에 충분하다. 쓰기에 관한 나쁜 경험을 가진 아이가 과연 글쓰기를 좋아할 수 있을까? 아마 쉽지 않을 것이다. 애초부터 쓰기에 대한 두려움이 없어야 글쓰기의 재미도 느낄 수 있는 법이다.

잘못된 글쓰기가
좋아 보인다

| 글쓰기의 정답화 |

"취학 전 1만 권 읽기 도전에 성공!"

이와 같은 말에 부모들은 촉각을 곤두세운다. 한동안 '독서 마라톤 대회'나 한 학기 동안 쓴 독후감 편수에 의해 아이의 독서력을 평가하는 식의 '다독'이 장려되었다. 다독에 대한 믿음 역시 여전하다.

그러나 아이의 읽기 능력을 무시한 다독은 독서의 참맛을 알지 못하게 한다. 많이 읽으려다 보니 책을 읽긴 읽되 글자만 읽게 되기 때문이다. 책 속의 등장인물에게 몰입하거나 자기만의 해석을 곁들여 가며 즐기기보다 그저 몇 권을 읽었다는 데 만족할 뿐이다.

다독이 나쁘다고만은 할 수 없다. 사람마다 독서 습관이 다르고, 독자의 지식 수준이나 심리 등에 따라 책의 내용을 이해하는 정도가 달라지기 때문이다. 이해력이 낮은 아이들은 아무리 천천히 읽어도 책의 내용을 알기 어렵다. 또 배경지식이 낮아도 내용을 파악하는 데 시간이 걸린다. 반면 이해력이 높은 아이들은 빠르게 읽어도 책에 드러난 저자의 의도를 파악해 낸다. 그래서 다독이 모든 아이들의 독서 습관을 망친 주범이라고 하기에는 무리가 있다. 다만 일반적으로 질적 읽기보다 양적 읽기가 가져다준 폐해가 크다는 것이다.

책의 내용을 음미하지 못한 채 빠르게 읽는 아이, 읽었는데 무슨 내용인지 알지 못하는 아이 등 후딱 읽는 아이들이 요즘 더욱 많아졌다. 그저 글자만 읽는 것이다. 독서 행위는 책의 내용을 제대로 이해하여 자기 것으로 소화시키는 걸 전제로 한다. 즉 책 읽기는 눈의 움직임만으로 이루어지는 게 아니라, 머리로 생각하며 읽는 행위가 포함된다. 마찬가지로 글쓰기도 생각 없이는 절대로 할 수 없는 활동이다. 그런데 우리 아이들의 현실은 속전속결이다. 5분 안에 일기도 쓰고, 독서감상문도 쓴다. 글을 다 작성하는 데 길어야 10분을 넘기지 않는다. 생각이 사고력을 향상시키고 사고력은 깊은 생각을 불러온다. 하지만 생각하는 습관을 갖지 못한 아이는 영혼 없는 글쓰기를 반복하는 버릇이 붙을 수밖에 없다. 다시 말해 다독만 하는 아이는 생각이 빠진 글을 쓸 우려가 크다. 자기 생각이 빠진 글은 글쓰기가 아니라 글자 나열에 불과한 뿐이다.

다음은 2학년 아이가 〈효녀 심청〉을 읽고 쓴 독후감이다. (이 책에서 소개하는 아이들의 글은 아이들의 글쓰기 수준을 그대로 보여 주기 위해 일부 맞춤법을 제외하고 수정 없이 있는 그대로 소개하는 것을 원칙으로 하였다. -편집자 주)

마음씨가 착한 심청이가 아버지를 위해서 제물이 되어 바다에 빠졌어요. 하지만 착한 심청이는 엄마의 도움으로 임금님과 궁궐에서 행복하게 살고 아빠도 눈을 뜨게 해줬어요. 이 책을 읽고 나니 나도 심청이처럼 착한 일을 해야겠다는 생각이 들었어요. 앞으로 심청이처럼 착한 일을 많이 하는 아이가 될 거예요.

사실 많은 아이들이 이렇게 쓴다. 이야기의 줄거리와 앞으로의 각오로 구성된 이 글은 일견 모범적인 글처럼 보인다. '착한 일을 해야겠다'는 내용은 권선징악을 장려하는 사회에서 당연한 말이기 때문에 그 누구도 잘못 썼다고 말하지 않는다. 겉으로는 아무런 문제가 없어 보이는 것이다. 하지만 이 글을 쓴 아이만의 생각은 어디에 담겨 있는 것일까? 이 글의 모든 문장에 '착한'이라는 말이 들어가지만, 심청이가 어째서 착하다고 생각했는지, 왜 착한 일을 해야겠다고 다짐했는지 아이의 생각은 찾아볼 수가 없다. 5분 안에도 쓸 수 있는 소위 영혼 없는 글이다. 심청이가 다른 인물로 바뀐다고 해도 인물의 이름만 달라질 뿐 글의 내용에는 별 차이가 없을 것이다.

| 머리로 글을 쓰는 아이들 |

어느 날 중학교 3학년 아이가 어머니와 함께 나를 찾아왔다. 동현이란 이름의 아이는 다소 얼굴빛이 어두웠지만 머리에 잔뜩 멋을 낸 전형적인 사춘기 남자아이의 모습을 하고 있었다. 동현이 어머니는 아들이 글을 잘 써서 문예창작과를 지원할 예정이라고 말했다. 남자 중학생이 문예창작을 전공으로 선택하는 경우는 드물기에 그리 정한 까닭을 물었다.

"초등학교, 중학교 통틀어 가장 많이 받은 상이 글쓰기 상이에요. 가장 잘하는 것을 전공으로 하는 게 맞는 것 같아서요."

어머니의 말에 동현이는 제법 의기양양한 표정으로 자신이 쓴 글을 내놓았다. 이런 경우가 드물어 나도 기분이 무척 좋았다. 하지만 아이의 글은 첫 문장부터 난해했다. 무슨 뜻인지 전혀 알 수가 없었다. 추상적이고 관념적인 문장으로 가득한 아이의 글은 아무리 반복해서 읽어도 무슨 뜻인지 도무지 알 수가 없었다.

나는 아이에게 첫 문장을 소리 내어 읽고 무슨 뜻인지 알려 달라고 했다. 그러자 뜻밖이라는 눈빛과 함께 당황하는 기색이 역력했다. 그리고는 "지금까지 모두 잘 썼다고만 했지, 문제가 있다고 하지는 않았어요. 글은 이렇게 쓰는 거 아닌가요?" 하고 오히려 반문했다.

만일 자기 글이라면 자신의 생각이 솔직하게 표현되어 있어야 한다. 당연히 그 의미도 분명하게 설명할 수 있어야 한다. 하지만 본인이 쓴 글조차 무슨 뜻인지 정확히 말하지 못한다면, 어디가 잘못돼도 한참 잘못된 일이다.

사춘기에 접어든 아이들은 부쩍 성숙한 모습을 보인다. 어른들의 세계를 이상적으로 바라보며 호기심과 동경심을 가지고, 어른처럼 행동하고자 한다. 이와 동시에 주위의 시선에 민감하게 반응하여 자기만의 모래성을 쌓는다. 후두엽이 발달하는 사춘기 때는 남의 시선을 유난히 의식해 주변의 반응에 따라 성을 만들어 나간다.

관념적인 동현이의 글은 다른 사람의 시선을 의식하며 만들어진 모래성과 같다. 게다가 결코 하루아침에 만들어진 글이 아니다. 일반적으로 3~4학년에 추상적인 용어를 사용하기 시작하여 고학년이 되면 다소 현학적이거나 추상적인 문장 쓰기를 시도한다. 그런 표현을 썼을 때 적절한 가르침을 받지 못하고 무조건 칭찬을 받게 되면 잘못 고착될 수가 있다. 동현이의 경우가 그랬던 것이다.

사람들은 추상적이고 관념적인 어휘나 멋들어진 표현을 많이 쓰면 잘 썼다고 생각하는 경향이 있다. 그러다 보니 글쓰기 교육 전문가가 아닌 이상 아이의 멋들어진 표현에 높은 점수를 줄 수 있다. 아이들은 자연히 이러한 글쓰기 방식을 고수하게 된다. 다음은 4학년 여자아이가 쓴 '신나는 공부'라는 글이다.

대부분의 학생들은 공부가 싫고 재미없다고 한다. 나도 공부 때문에 부모님과 다툰 적이 있다. 그런데 부모님께서 내게 새 문제집을 소개시켜 주신 뒤로 공부가 재미있어지기 시작했다. 지금껏 힘들고 강요받아서 했던 공부가 친근하게 느껴지기 시작하였다. 이 모든 성과는 부모님께서 내게 안겨주셨던 문제집 덕분이다. 문제집을 풀어보지 않았다면 내가 서 있는 이 자리는 아무것도 아니었을 것이다. 선생님들이 제일 좋아하는 조건을 갖춘 '좋은 학생'이 되려면 공부를 열심히 해야 한다. 문제집은 그 모든 조건을 갖추었다고 생각한다. 내가 대학교를 졸업할 때까지 문제집은 나와 친한 친구가 되어 있을 것이다.

이 글 역시 얼핏 보기에는 내용상 아무런 문제가 없어 보인다. 그러나 이 글은 부모님이나 선생님을 위해 쓴 글에 지나지 않는다. "선생님들이 제일 좋아하는 조건을 갖춘"이라고 쓴 것을 보면 어른들의 이야기를 옮겨 놓은 것에 불과하다는 걸 알 수 있다. 자신의 생각을 솔직하게 토로하지 못하고 있다.

사실 공부를 신나는 일이라고 생각하는 아이들은 거의 없다. 대다수 아이들은 공부가 지겹고 힘들다. 하지만 어려운 문제를 제힘으로 풀어내거나 궁금했던 것을 알게 되었을 때 성취감과 후련함을 느낀다. 그 순간 공부가 즐겁고 신이 났다면 그러한 내용을 써야 한다. 가령 초식공룡이 소화를 돕기 위해 풀과 함께 돌을 삼킨다는 사실을 새롭게 알게 되었다고 하자. 그걸 알게 된 아이는 초식공룡의 지혜에 감탄하는 글을 쓸 수 있다. 또 학교에서 풀지 못해 끙끙댔던 수학 문제를 집에 와서 다시 풀어 보니 술술 풀렸다. 아이는 '이렇게 쉬운 걸 왜 아까는 몰랐었지?' 하며 비로소 자신이 해냈다는 성취감에 뿌듯해하는 글을 쓸 수 있다.

어른의 글을 흉내 내거나 남의 생각을 옮기는 글쓰기, 어른의 눈에 들기 위해 자기감정을 속이고 거짓되게 쓰는 일은 영혼을 죽이는 일이다. 아이들의 글은 자신의 눈으로 본 세상을 표현하는 일이어야 하며, 자신의 생각을 드러내는 글이어야 한다.

학원에 보내면
단기간에 글쓰기 실력을 키울 수 있다

대부분의 가정에서는 글쓰기를 사교육에 의지하고 있다. 부모에게도 글쓰기는 두려움의 대상이어서 어떻게 지도해야 할지 모르기 때문이다. 열혈 학부모들은 평생교육센터나 도서관 프로그램으로 개설된 글쓰기 코칭 기술을 배워 자녀를 직접 지도하기도 한다. 그럼에도 글쓰기 지도는 학부모에게 여전히 어려운 숙제. 그러다 보니 글쓰기 지도는 대부분 사교육에 의존하는 경향이 강하다.

학원에서의 글쓰기 교육은 대개 독서 지도와 함께 이루어지고 있다. 책을 읽고 토의나 토론을 한 뒤 글쓰기로 연결하는 것이 일반적인 지도 시스템이다. 물론 진행 방식은 학원마다 조금씩 차이가 있다.

어느 날 우연히 학원 광고 문구를 보고 황당했던 적이 있다. '글쓰기 4주 완성!'이라는 강력한 문구의 카피와 함께 각 주마다 일기, 독서감상문, 설명문, 주장 글쓰기를 한다고 적혀 있었다. 일주일에 한 번씩, 4회 만에 아이들이 네 가지 글쓰기 양식을 배우고 익힐 수 있는 듯했다. 아이를 가진 부모라면 한 번쯤은 눈이 번쩍 떠질 만한 광고였다. 그러나 글의 형식을 배우는 일은 그리 어려운 일이 아니며 학교에서도 배우기 때문에, 4학년만 되어도 아이들은 글의 종류를 대부분 알게 된다. 글쓰기 양식을 아는 것과, 그런 글을 쓸 수 있는 것은 별개의 문제다. 아이들의 글쓰기는 결코 짧은 시간 안에 완성될 수 없다. 연령과 수준에 맞춰 천천히 지도해야 한다. 날림공사를 해서는 절대 안 되는 게 바로 아이들의 글쓰기 교육이다.

따라서 부모는 현명한 선택을 해야 한다. 먼저 아이의 학년과 상관없이 읽기와 쓰기 수준을 살펴야 한다. 책 읽기는 글쓰기의 바탕이 되기 때문에 독서 흥미를 고려해야 한다. 만약 아이가 책 읽기에 흥미가 없다면 무작정 글쓰기를 강요해서는 안 된다. 대신 책 읽기에 흥미를 불러일으킬 프로그램을 가진 학원을 찾아야 한다. 한편 책은 잘 읽지만 글쓰기를 싫어하는 아이라면, 다작을 하는 곳보다는 토의나 토론을 위주로 하는 글쓰기 학원이 좋다.

이와 더불어 학원을 선택할 때 반드시 고려해야 할 점은 강사의 교육 철학이다. 아이의 성장 속도를 고려하여 가르치고 있는지를 살펴야 하는 것이다. 초등 시기에는 사고력 향상에 중점을 둔 교육을 받아야 한다. 이는 결과가 아닌 과정 중심의 교육에서 이루어진다. 부모에게 오늘 무엇을 했는지 보여 주려는 성향이 강한 곳은 질적 향상에 소홀하기 쉽다. 그러므로 아이를 지도할 교사와 사전에 충분히 상담을 하는 게 좋다. 상담 교사보다는 내 아이를 직접 가르칠 교사와 만나 상담하는 것이 바람직하다.

처음 글쓰기를 시작할 때 아이에게 가장 좋은 선생님은 부모다. 하지만 아이의 사고력을 한층 향상시켜 주기 위해서는 전문 교사의 도움도 필요하다. 교사의 가치관은 아이에게 고스란히 전달되므로 직접 상담을 통해 교사의 교육 방향을 사전에 점검할 필요가 있다.

글쓰기 능력은
타고 난다

어릴 때부터 그림 그리기와 글쓰기에 재주가 있었던 유민이는 2학년 때까지 관련 상을 휩쓸었다. 학년 대표로 나간 교육청 대회에서 글쓰기 상을 받기도 하였고, 어린이 신문에 동시가 실리기도 했다. 심지어 논술로 대학에 가도 되겠다는 주변의 질투 섞인 농담까지 들을 정도이다 보니, 유민이 부모님은 아이의 재능에 마음을 놓았다.

그런데 학년이 올라가면서 유민이의 글은 더 이상 발전하지 못하고 늘 제자리걸음이었다. 체험 학습이나 여행을 다녀온 이야기 등 겪은 일을 생생하게 쓰던 저학년 글쓰기 수준에 멈춰 있었던 것이다. 점차 사물이나 현상에 대한 객관적인 인식과 비판적 사고를 담아내야 할 시기에, 한 가지 주제도 깊게 다루지 못했다. 문제에 대한 해결책이나 근거와 자세한 설명이 요구될 때마다 유민이는 무척 힘들어했다. 4학년이 되면서는 국어 교과서에서 요구하는 글쓰기조차 어려워했다.

그동안 꾸준히 연습하지 않은 것이 문제의 원인이었다. 글쓰기를 잘한다는 생각에 더 이상 읽기와 쓰기에 별도의 시간을 할애하지 않다 보니, 배경지식을 쌓거나 사고력을 키울 기회가 턱없이 부족했던 탓이 컸다.

아이의 글쓰기 실력은 평가로 판가름나기 때문에 주변으로부터 인정을 받고, 좋은 평가를 받다 보면 안심하게 마련이다. 또한 아이가 잘하는 과목은 못하는 과목에 비해 노력을 덜하는 것처럼 글쓰기 역시 별도의 노력 없이도 학년이 올라가면서 자연히 발전할 것이라 여겨 소홀하기 쉽다. 그래서 이러한 문제가 발생한다.

학년에 따라 쓰는 글이 다르고, 평가 기준이 다르다. 저학년 때의 글쓰기는 겪은 일을 바탕으로 한 '일기와 생활문 쓰기'가 전부라고 할 수 있다. 일기는 하루 중 있었던 일에 관해 쓰는 글이다. 독서감상문 역시 책 내용에 자신의 생각을 한두 문장만 곁들여도 꽤 훌륭해 보인다. 또 그렇게만 써도 허용되는 게 저학년의 글이다. 따라서 일기로 대변되는 생활문만 잘 쓴다면 좋은 평가를 받을 수 있다.

하지만 학년이 올라가면 써야 할 글의 종류가 다양해질 뿐 아니라 주제에 맞는 지식도 담아내야 한다. 점차 논리적인 글쓰기가 요구되기 때문에 배경지식과 사고력이 낮으면 제대로 쓸 수가 없다. 논증적인 글을 쓰기 위해서는 주제를 정한 후 관련 자료를 조사하고 정리하여 요약한 뒤 자신의 생각을 덧붙일 수 있어야 한다. 남의 것을 그대로 옮겨 놓아서도 안 되고, 자기 생각에 빠져서도 안 된다.

글쓰기는 흔히 타고난다고 말한다. 부정하고 싶지만 틀린 말은 아니다. 노래와 춤이 그렇듯이 표현력 역시 타고나는 부분이 있기는 하다. 특히 문학적인 상상력을 요구하는 글의 경우 타고난 재주를 무시할 수 없다. 하지만 글쓰기는 재주라기보다 능력이다. 능력은 개인의 노력 여하에 따라 그 결과가 아주 달라진다. 타고난 표현력을 가진 사람이라도 개발하지 않는다면, 발달을 멈추거나 오히려 퇴보한다. 아이들에게 글쓰기 교육을 하는 까닭은 작가로 키우기 위해서가 아니다. 아이들의 사고를 발달시키고 견고하게 하기 위해 즉, 삶을 가꾸기 위해서라는 걸 명심해야 한다.

2장

초등 아이,
적기글쓰기를 잡아라

2-1.

이것이 바로
초등 글쓰기의 힘이다

요즘 아이들은 배워야 할 것도, 해야 할 일도 너무나 많다. 이 와중에 글쓰기라니, 여전히 마음 한구석에는 망설임과 의구심이 남아 있을 것이다. 왜냐하면 우리에게 글쓰기는 입시를 위한 논술에서나 필요한 것으로, 굳이 글을 잘 쓰지 못해도 살아가는 데는 아무런 지장이 없다는 인식이 강하기 때문이다.

왜 세계 명문대는
글쓰기 교육을 강조하는 걸까?

요즘 초등학생들은 배워야 할 것도, 해야 할 일도 너무나 많다. 영어와 수학 공부는 기본이고, 피아노며 미술이며 태권도까지 두루 배워야 한다.

'이런 와중에 글쓰기라니!' 아마 이렇게 생각하는 부모도 있을 것이다. 앞에서 중요성과 가치에 비해서 글쓰기 교육을 소홀히 할 수밖에 없었던 오해들을 살펴보기는 했지만, 그럼에도 여전히 마음 한구석에는 의구심이 남아 있을 것이다. 왜냐하면 우리에게 글쓰기는 대학 입시를 위한 논술에서나 필요하다는 인식이 강하기 때문이다. 굳이 글을 잘 쓰지 못해도 이 세상을 살아가는 데는 아무런 지장이 없다고 생각하는 것이다.

과연 그럴까? 정말 그렇다면, 세계의 유수한 명문 대학들은 왜 하나같이 글쓰기 교육을 강조하고 있는 걸까? 미국 명문대의 글쓰기 교육 취재기를 담은 신우성의 『미국처럼 쓰고 일본처럼 읽어라』를 살펴보면 이에 대해 자세히 알 수 있다. 미국 매사추세츠 대학 애머스트 캠퍼스(UMASS)는 학생들에게 체계적인 글쓰기 교육을 하기로 유명하다. 이 대학은 30여 년 전부터 신입생 필수 과목으로 글쓰기를 지정하고, 학년별로 글쓰기 교육을 체계적으로 받을 수 있도록 프로그램을 개발해 국가에서도 인정을 받았다. 그뿐만 아니라 글쓰기 전문가를 교수로 영입했으며, 글쓰기 센터에는 도우미가 1 대 1로 학생들을 도와주고 있다.

하버드 대학과 MIT 역시 글쓰기 교육으로 유명하다. 하버드 대학은 학생들이 4년 동안 가장 많은 신경을 쓰는 분야가 바로 글쓰기라고 말할 정도다. 자기만의 '익스포스(Expos)'라는 논증적 글쓰기 프로그램을 만들어 사고의 다양한 전개 과정을 가르치고 있다. MIT 역시 해마다 글쓰기 교육에 200만 달러를 투자하고 있다. 글쓰기 센터를 설립해 학생들을 돕고 있으며, 학생들 역시 글쓰기 능력을 키우는 데 적극적이다. 글쓰기 교육을 통해 논리적인 사고와 뛰어난 커뮤니케이션 기술을 기르는 것이다.

아이오와 대학은 이미 1930년대에 글쓰기 센터를 설립해 운영할 만큼 글쓰기의 중요성에 대해 강조해 왔다. 영국이나 프랑스를 비롯한 유럽의 많은 대학들에서도 글쓰기 교육을 필수 과목으로 지정하는 등 외국 대학에서는 이미 오래전부터 글쓰기의 중요성을 강조할 뿐 아니라 적극적으로 교육하고 있다. 이는 글쓰기 능력이 자신의 전공 과목을 효율적으로 배우고 익히는 데 도움이 되고, 또 성공적인 사회 구성원으로 살아가기 위한 필수 항목이라고 판단했기 때문이다. 예컨대 학교에서의 평가와 학위 논문을 쓰는 일, 직장에서 기획서 및 보고서를 작성하는 행위들은 모두 읽고 쓰는 과정의 연속이라는 것을 잘 알고 있는 것이다. 글로써 평가 받는 세상이다.

글쓰기의 중요성에 대한 인식은 우리나라도 비켜갈 수 없다. 최근 우리나라 대학에서도 글쓰기 교육의 필요성을 인식하고, 다양한 글쓰기 교육을 실시하고 있다. 서울대학교의 글쓰기 교실, 숙명여대의 의사소통능력 센터를 비롯해 고려대, 서강대, 가톨릭대, 카이스트 등 많은 대학들에서 글쓰기 센터를 운영하고 있다. 물론 학교마다 운영 형태나 교육 목표에는 약간의 차이가 있지만 학부생에서 대학원생, 교직원까지 수강 대상의 폭이 넓으며, 강좌도 온라인과 오프라인 모두 개설되어 있다.

대학의 이러한 변화는 21세기 사회가 개인의 글쓰기 능력을 요구하고 있다는 방증이다. 오늘날 글쓰기는 자신을 가장 효과적으로 드러내는 수단이 되었다. 인터넷의 발달로 1인 미디어 시대가 열렸고, 파워 블로거들이 대거 출현했다. 또 SNS나 문자 메시지는 표현 수단이자 의사소통 도구로 자리 잡은 지 오래다. 아이를 키우는 하루, 우리 가족의 성장기, 여행지에서 느꼈던 감정, 일상에 대한 소소한 수다가 소통과 공감의 한복판을 차지하고 있다. 이러한 온라인상의 소통은 책으로 만들어져 대중들의 공감을 불러일으키기도 하고, 새로운 트렌드를 주도하기도 한다. 글쓰기는 더 이상 작가만의 영역이 아닌 이 시대 사람들의 일상이 되었다. 전문가든 전문가가 아니든 모두 글쓰기로 소통하는 시대가 된 것이다.

학년이 올라갈수록
성적이 오르는 아이와 떨어지는 아이

| 오직 책만 읽던 하위권 아이가 외고에 들어가다 |

영재 어머니는 책을 너무 많이 읽는 아이가 걱정이었다. 5학년 영재는 가리는 분야 없이 책을 즐겨 읽었다. 덕분에 아는 것이 정말 많았다. 그런데 독서력에 비해 학교 성적은 저조했다. 아니, 독서만 하다 보니 학교 성적이 형편없었다고 해야 할까? 책 이외에는 관심이 없어 수학 문제 한 개를 푸는 데만 30여 분을 넘기기도 했다.

문제는 그것만이 아니었다. 글쓰기와 말하기 능력 역시 또래에 비해 낮은 상태였다. 자신이 좋아하는 것에만 열중하다 보니 그 외의 것들을 모두 놓치고 있는 듯했다. 자연히 영재 어머니는 늘 잔소리를 입에 달고 살았다.

아이들을 지도하다 보면 간혹 영재와 같은 아이를 만난다. 연령에 맞는 성장 과업을 골고루 달성하지 못한 채 책 읽기에만 빠져 산 까닭이다. 책 읽기가 오히려 아이의 성장을 방해한 사례다. 그렇다고 하여 이제까지 책 읽기에 빠져 살던 아이에게 독서를 그만두라고 하면, 책 읽기에 대한 긍정적 인식마저 빼앗을 수 있다. 그래서 영재에게 좋아하는 책을 실컷 읽게 하여 욕구를 채워 주면서 글쓰기 교육을 병행하였다.

그 첫걸음으로 책을 읽고 나면 반드시, 알게 된 내용이나 지식을 말로 설명해 보게 했다. 이를 위해서는 필연적으로 책의 내용을 머릿속으로 떠올려보고 지식을 논리적으로 정리하는 과정이 필요하다. 처음에는 어눌했지만 듣는 이를 고려해 말할 수 있도록 연습을 반복하자, 오래 지나지 않아 칠판에 그림까지 그려가며 적극적으로 설명할 수 있게 되었다.

점차 익숙해지자 이번에는 찬반양론으로 나뉘는 주제를 주고 자신의 생각을 적어 보게 하였다. 이러한 주제는 찬반 의견을 모두 종합해 보아야 하기 때문에 생각하는 힘을 증폭시킨다. 또한 많이 쓰기보다 한 편의 글을 쓰더라도 완성도를 높일 수 있도록, 쓰고 난 뒤 반복해서 고쳐 써보도록 했다.

처음 만났을 때만 해도 아는 지식을 두서없이 띄엄띄엄 내뱉던 아이가 글쓰기 교육을 반복하는 사이 무슨 내용을 어떻게 전달해야 할지 머릿속으로 구상하고 척척 정리까지 해내게 되었다.

이러한 방식의 글쓰기 교육은 영재의 중학교 생활에 많은 영향을 끼쳤다. 중학교는 초등학교 때보다 학습량이 월등히 많아, 아이 수준에 맞는 전략을 세우지 않으면 허둥대다 1년을 보내고 만다. 하지만 지식을 정리하고 요약하는 기술을 익힌 영재는 학교 수업을 비교적 수월하게 해냈다. 그동안 연습한 글쓰기 능력이 빛을 발하기 시작한 것이다. 자연히 노트를 정리하는 기술까지 터득하게 되었다.

자신의 생각을 말과 글로 정리하는 데 자신이 붙은 영재는 점차 수행평가는 물론이고, 글쓰기 대회에서도 좋은 성적을 거두기 시작했다. 읽기와 쓰기 그리고 학교 공부에 자신감을 갖게 되면서 영재의 중학교 생활은 초등학교 때와 달리 안정적인 모습을 보였다. 그러더니 올해 외고에 당당히 합격했다.

아이의 긍정적인 변화에는 부모의 역할이 매우 중요하다. 영재에게 잔소리를 달고 살았던 엄마가 어느 날 갑자기 잔소리를 중단했을 리는 없다. 기대보다 성과가 더디게 나와 불안함을 호소하기도 했다. 아이와 교사인 나를 믿고 지원해 주기까지는 시간이 걸렸다. 사실 영재처럼 5학년 때 만난 아이가 중학교 3학년이 되도록 기다려 주는 부모는 그리 흔하지 않다.

아이들의 몸과 마음은 매일 조금씩 자란다. 하루에 얼마나 자랐는지는 보이지 않는다. 하지만 6개월이나 1년쯤 지난 뒤에 확인해 보면 눈에 띄게 달라졌다는 걸 알 수 있다. 하루하루의 변화는 아주 미미하지만, 그 작은 변화가 쌓여 성장하는 것이다.

교육도 마찬가지다. 부모는 자녀를 이해하고 신뢰해야 하며, 자녀의 성장을 응원해 주어야 한다. 그리고 교사는 지속적인 부모와의 상담을 통해 어떤 가치관을 가지고 아이의 비전을 어떻게 그리고 있는지, 또 아이가 현재 어떤 모습으로 성장하고 있으며, 이는 향후 학습에 어떤 영향을 줄 것인지에 대해 솔직하게 말해 주어야 한다.

영재 어머니와 가졌던 적절한 상담 역시 아이를 믿고 기다려 주는 데 많은 도움이 되었다. 초기에는 어머니가 자주 연락을 해왔다. 달라지지 않는 아이의 태도에 불안한 나머지 전화를 걸어 속사정을 털어놓곤 했다. 하지만 아이를 지도한 지 1년이 넘으면서 상담 요청 횟수가 현저히 줄어들었다.

| 사교육 없이 과학고에 합격한 비결 |

초등학교 6학년 때 만난 영훈이는 뚜렷한 목표 없이 그저 순응적인 아이였다. 다른 아이들에 비해 성적이 월등히 우수하지는 않았지만, 그렇다고 수업 참여에 소극적이지도 않았다. 그러던 중 영훈이가 속한 팀이 중학생이 되면서 여러 차례 진로 탐색을 주제로 수업을 진행하게 되었다. 글쓰기 교육인 만큼 대부분의 과정은 관련 자료를 읽고 토의 및 토론을 한 뒤 글쓰기로 마무리하는 식이었다. 그 과정에서 영훈이는 처음으로 자기만의 목표를 그리게 되었고, 부모도 예상하지 못했던 과학고를 꿈꾸기 시작했다.

대다수 아이들이 학원에 다니며 특목고 진학을 준비하는 데 반해, 영훈이는 한 번도 학원에 다니지 않았다. 그런데도 당당히 과학고에 합격했다. 자기소개서와 면접 비중이 높은 것이 오히려 영훈이에게는 유리하게 작용했다. 자기소개서에는 영훈이의 지난 노력들이 잘 표현되어 있었다. 진로 탐색을 통해 꿈을 고민하고 목표를 품고, 이를 실천에 옮기기 위한 노력들이 일목요연하게 담겨 있었다. 영훈이 어머니 역시 글쓰기 교육이 커다란 도움이 됐다고 말했다.

많은 아이들이 진로 탐색의 기회를 통해 목표를 그려 보지만, 실천의 의지보다는 목표 설립 자체에 의미를 두기 십상이다. 만일 영훈이도 '과학고에 가고 싶다. 혹은 열심히 하다 보면 특목고에 갈 수도 있겠지?' 하는 생각에 머물렀다면, 아마 꿈을 이루지 못했을 것이다. 진로를 탐색하는 데 그치지 않고 글쓰기를 통해 계획을 세워 구체화하는 기회를 가졌기 때문에 가능했던 것이다.

청소년 시기의 아이들은 학교 또는 다양한 경로를 통해 진로를 탐색한다. 자신의 흥미와 적성, 가치관을 통해 꿈을 찾아보고, 대학에서 공부하게 될 전공에 대한 고민도 한다. 그리고 나서야 중·고등학교 시기를 어떻게 보내야 할지 구체적인 계획을 세울 수 있다. 하지만 계획에서 그치면 꿈을 이루기 어렵다. 이러한 일련의 과정들을 정리하여 글로 써보게 하면 태도가 달라진다. 자신의 진로에 대해 확신을 갖게 되고, 꿈을 이루기 위해 부단히 노력하게 된다.

| 글쓰기는 학년이 올라갈수록 진가를 발휘한다 |

현장에서 아이들을 가르치다 보면, 글쓰기 실력이 곧 성적 향상의 힘이며 목표를 실천하는 데 직접적인 도움을 준다는 걸 실감할 때가 많다. 하지만 영재와 영훈이의 사례처럼 글쓰기가 성적과 직결된다는 것을 증명하기란 쉽지 않다. 성과가 단기간에 드러나는 것이 아니기 때문이다. 글쓰기의 성과는 오랜 시간을 투자하여 아이를 지도하며 지켜봐야 알 수 있는 일이다.

일반적으로 초등 시기에는 글쓰기가 성적에 영향을 준다는 생각을 미처

하지 못해 글쓰기 지도를 소홀하게 여긴다. 어떤 이는 글쓰기 능력은 타고 나는 것으로 가르쳐서 되는 게 아니라고 말한다. 또 어떤 이는 짧은 기간 동안 집중 지도만 해도 충분하다고 한다.

초등학교 때 차근차근 길러 둔 글쓰기 능력은 학습에 필요한 사고력을 향상시킨다. 글쓰기 능력이 지금 당장 성적에 큰 영향을 미치지는 못하지만, 본격적인 공부가 시작되는 중학교 때부터는 제힘을 발휘한다. 글쓰기는 머릿속에 흐트러져 있는 생각이나 아직 정리되지 못한 추상적인 의미들을 구체화하는 훈련이다. 아이들은 글쓰기를 하면서 모호한 생각들을 명확하게 정리할 기회를 갖는다. 그렇기 때문에 비슷비슷한 보기들에서 정확한 답을 찾아내는 시험에서 좋은 결과를 이루어 낼 수밖에 없다.

더욱이 중학교는 초등학교 때와는 달리 과목별 과제의 비중이 커진다. 모든 과목에는 수행평가가 뒤따르는데, 지필고사와는 달리 자신의 생각을 표현해야 하는 경우가 많다. 서술형과 논술형 시험의 비중이 높을 뿐 아니라, 최근에는 말하기와 글쓰기로 지필고사를 대신하는 학교도 늘어나는 추세다.

우리 센터의 인근 중학교에서는 국어 과목을 지필고사 없이 수행평가만으로 성적을 매긴다. 신문 기사 한 편을 정해 기사의 중심 내용과 그에 대한 자신의 생각을 발표하도록 하여 평가하는 방식이다. 발표를 마친 뒤 학급 학생들의 질문을 받고 이에 답변하는 것까지 평가 항목에 포함된다.

이 평가는 여러 가지 능력을 필요로 한다. 우선 신문 기사의 중심 내용을 요약하는 독해 능력과 기사의 주제에 맞는 생각을 도출해 내는 비판적 사고 능력이 요구된다. 또한 다른 학생들의 질문에 응답하기 위해서는 적절한 논리력과 순발력이 필요하다.

    이러한 수행평가는 지식을 확인하는 평가가 아니라, 전반적인 사고 능력을 측정하는 평가다. 이미 밝힌 바 있듯이 글쓰기 능력은 다양한 사고력을 기르는 데 효과적이고, 이러한 능력은 수행평가에 큰 영향을 미친다. 따라서 글쓰기 능력과 성적은 비례 관계이며, 불가분의 관계라 할 수 있다.

글쓰기는
두뇌를 발달시키는 최고의 방법

성장기 아이를 둔 부모들의 최대 관심사는 바로 두뇌 발달일 것이다. 최근 뇌과학자들의 연구 성과들이 매체를 통해 알려지면서 두뇌 발달에 대한 부모들의 관심이 더욱 높아졌다. 그런 부모들을 위해 시중에는 두뇌 발달과 관련한 놀이 및 프로그램이 다양하게 개발되어 소개되고 있다. 하지만 부모들은 여전히 눈에 보이지 않는 두뇌를 성장시키기 위해 현실적으로 당장 무엇을, 어떻게 도와야 할지 막막하다. 두뇌 발달에 좋다는 브레인 푸드를 먹이고, 창의사고 프로그램에 참여하는 일련의 노력들이 정말 도움이 되고 있는지 정확히 알 수 없기 때문이다. 다만 명확한 것은 성장 시기별로 두뇌 영역들의 발달 순서와 속도가 다르듯이 두뇌 향상 프로그램도 아이의 성장 발달에 따라 달라져야 한다는 점이다.

두뇌 발달을 돕는 가장 효과적인 방법은 단연 글쓰기다. 최소한 글을 쓰는 동안에는 쉬지 않고 생각을 해야 하기 때문이다. 주제 선정에서부터 글의 흐름을 어떻게 전개할지, 어떤 낱말과 문장이 적절할지 고민하고, 이런 고민의 결과를 손과 눈을 움직여 글자로 풀어내는 동안, 전두엽을 비롯한 대뇌피질의 모든 영역이 골고루 작동하게 된다.

글쓰기는 단순한 글자의 나열이 아니라 생각한 것을 글로 표현하는 작업이다. 낱말을 연결해 문장을 만드는 사이 새로운 방향으로 생각이 전개되기도 하고, 명확하지 않았던 생각이 정리되면서 새로운 사실을 깨닫게 되기도 한다. 이 과정에서 두뇌는 이미 알고 있던 지식을 활용하여 정보를 재조직하고, 취해야 할 것과 버려야 할 것을 분류하며, 오랫동안 기억해야 할 것들을 명료화하는 등 활동을 멈추지 않는다. 한마디로 글쓰기는 고도의 정신 능력을 요구하는 행위인 것이다.

"이거, 기억나니?" 수업 중에 선생님들이 가장 많이 하는 말일 것이다. 학습과 기억력은 불가분의 관계로, 성적을 좌지우지한다. 그러다 보니 기억법을 활용한 다양한 공부법이 전해지고 있다.

기억의 원리를 살펴보면, 감각 기관을 통해 받아들인 정보는 단기기억에 잠시 머물다가 대부분 사라지며, 일부만이 장기기억으로 이동하여 우리의 기억 속에 남는다. 받아들인 정보가 장기기억으로 이동하려면, 작업기억(working memory) 단계를 거쳐야 한다. 이 단계는 정보 처리가 이루어지는 중추적 공간으로, 문제 해결을 위해 장기기억에 있던 정보를 다시 불러와 재조직하고, 처리한 정보를 장기기억으로 보내기도 한다.

작업기억은 말 그대로 기억을 돕는 작업장이라 보아도 무방하다. 그리고 작업기억 능력을 향상시키는 가장 좋은 방법이 바로 글쓰기다. 글을 쓰기 위해서는 수도 없이 반복하여 읽고 고치면서 정보를 재조직해야 한다. 이 과정에서 작업기억 능력이 향상된다. '마인드 맵 정리하기, 책에 밑줄을 긋거나 소리 내어 읽기, 글의 요점 정리하기'와 같은 기억력 향상 공부법들이 모두 글쓰기와 관련된 활동들인 것도 이 때문이다. 글을 쓰기 위해서는 끊임없이 사고해야 한다. 글쓰기는 작업기억의 기능을 확장시키는 최고의 사고력 훈련 방법이다.

　공부 못하고 싶은 아이가 단 한 명이라도 있을까? 공부에 관심이 없어 보이는 아이들조차 마음속으로는 좋은 성적을 받고 싶어 한다. 암기는 공부할 때 가장 기본이 되는 능력이지만, 학년이 올라갈수록 암기만으로는 해결되지 않는 두뇌력이 요구된다. 지금 당장은 효과가 별로 없어 보이겠지만, 글쓰기는 두뇌력을 보완하는 최상의 방법이다. 부모의 끊임없는 격려가 아이의 근면성이나 인내력과 같은 우수한 정서지능과 만났을 때, 그리고 거기에 단단한 두뇌력이 뒷받침된다면, 아이의 학습 능력은 날로 성장할 것이다.

표현력이
곧 설득력이다

초 · 중 · 고교 토론 대회에서 열띤 토론을 펼치는 아이들을 보면, 크게 두 가지 부류로 나뉜다. 논제에 관한 주장을 펼칠 때 논리적이고 이성적이긴 하지만 자기 팀의 주장을 내세우기 바쁜 아이들이 있는가 하면, 심사위원과 청중에게 시선을 보내며 호소력 짙게 표현하는 아이들이 있다. 단연 후자가 대부분 대회의 우승을 거머쥔다. 이는 표현력이 곧 설득력이라는 사실을 보여 준다.

현대 사회는 대중 앞에서 자신의 능력이나 생각을 마음껏 표현하라고 요구한다. 이를 위해 필요한 것은 사회성과 지식 활용 능력이지만, 자기 생각을 효과적으로 전달하는 표현력을 무시할 수는 없다. 물론 말하기는 글쓰기와 달리 눈빛이나 말투, 억양, 동작과 같은 비언어적인 요소를 포함하고 있기 때문에 글보다 다양한 표현이 가능하다. 그러나 상대를 설득할 때 큰 영향을 미치는 것은 주장에 대한 근거를 풀어 나가는 적절한 어휘와 문장력이다. 자기 생각에 가치를 더하기 위해서는 표현이 정확해야 한다.

배추쌈은 맛있다. 배추에 밥을 올려놓고 고기랑 된장 올리고 동그랗게 싸서 입속에 쏘옥~ 아, 맛있다. 동생 한 입 나 한 입. 엄마가 싸주면 아~ 하고 먹었다. 나도 참새가 되고 동생도 참새가 되어 입을 아~ 하고 받아먹었다.

1학년 아이의 글이다. 정교한 글이라고 할 수는 없지만, 이 글을 읽으면 배추쌈을 먹는 아이들의 모습이 그려진다. 배추쌈을 먹고 싶은 생각마저 든다.

오늘은 부모님 안마해 드리는 날이다. 오늘 엄마가 일을 많이 해서 시원하다고 했다. 나는 엄마를 주먹으로 두드려 드렸다. 엄마는 몇 번이나 시원하다고 했다. 나는 기분이 뿌듯했다. 엄마는 기분이 좋다고 했다. 내가 엄마한테 안마를 해드리니까 나도 기분이 좋았다.

2학년 아이의 일기다. 엄마에게 안마를 해주니 엄마가 무척 기뻐했고, 자기 역시 그런 엄마를 보면서 기분이 좋았다는 내용이다. 만약 여기에 엄마의 몸 어느 부분을 어떤 식으로 주물렀는지, 엄마가 어떤 표정과 무슨 말로 기분이 좋다고 했는지를 묘사했더라면, 앞의 1학년 아이의 글처럼 한 폭의 그림이 떠올랐을 것이다. 글을 읽고 당시의 장면이 떠오른다면, 훌륭한 표현이라는 방증이다. 표현이 잘된 글은 읽는 이를 감동시킨다. 공감의 시대에 표현력은 곧 상대를 설득하는 수단이 된다.

그렇다면 표현력은 어떻게 해야 길러질까? 표현력은 관찰력에서 나온다. 관찰력이란 사물이나 현상을 꼼꼼하고 자세히 살펴보는 능력이다. 이러한 능력은 타고나는 것이라기보다는 일상의 훈련을 통해 길러지는 지각 능력이다.

가장 권하고 싶은 방법은, 책을 읽을 때 작가가 어떤 식으로 표현을 하고 있는지 주의 깊게 읽는 것이다. 다른 아이의 글을 읽을 때도 표현 방법을 염두에 두고 읽으면 좋다. 또 생활 속에서 눈에 보이는 모든 것들을 세심하게 관찰한다. 예를 들면 거리를 지나가는 사람이나 자동차를 보면서 색깔이나 모양, 표정 등을 아이와 말해 볼 수 있다. 이때 단순히 '빨간색 티셔츠를 입었다'는 식의 표현보다는, 옷깃의 끝이 뾰족한 삼각 김밥 모양이라거나, 반달처럼 둥근 모양이라거나, 반짝이 구슬이 박혀 있는 화려한 셔츠라는 식으로 구체적으로 묘사하도록 유도한다. 같은 대상을 보고도 사람마다 표현이 달라 효과와 재미를 동시에 얻을 수 있다. 또 부모와의 대화로 흔히 저지르는 실수도 바로잡을 수 있다. 가령 두꺼운 종아리가 아니라 굵은 종아리가 맞는 표현이라는 것을 비롯해 어휘의 정확한 쓰임새를 배울 수 있는 기회다. 표현력을 길러 주는 동시에 상황에 맞는 표현법을 배울 수 있기 때문에 아이의 의사소통 능력이 향상된다.

관찰력의 또 다른 매력은 사물이나 현상을 보는 눈이 깊어져서 매일 보는 장면도 신기하고, 새로우며, 즐거워진다는 점이다. '오늘은 친구가 무슨 옷을 입고 왔을까?' 하는 생각만으로도 등굣길 발걸음이 가벼워진다. 매일 똑같은 일의 연속이지만 다양한 관점에서 관찰하는 사이, 삶이 풍요로워진다. 그리고 나날이 풍요로운 삶을 사는 아이는 자신이 관찰한 것들을 말이나 글 또는 그림으로 표현하고픈 욕구가 생긴다.

표현력이 곧 설득력인 까닭은 같은 내용이라도 상대의 입장을 고려하여 얼마나 적확한 표현을 하느냐 하는 점 때문이다. 표현력이란 상대와의 소통을 전제로 하는 것이다. 협업의 시대를 살아가야 하는 아이들에게 수준 높은 의사소통 기술은 당연하게 요구되는 생존 능력이다. 자기의 생각, 자기가 하는 일을 표현할 수 있는 아이로 자라게 하려면, 지금 당장 자신의 생각을 말과 글로 표현할 기회를 주어야 한다.

글쓰기는
생각을 변화시키는 힘이 있다

여름 방학 때 현승이라는 사촌동생 집에 갔다. 현승이의 누나인 혜정이 언니와 공기를 했는데, 그때 현승이가 나한테 공기를 못한다고 했다. 현승이가 "내가 해 볼게" 이러면서 공기를 뺏어갔다. 그래서 혜정이 언니가 "어서 내놔!"라고 말하니 현승이가 "싫어! 누나가 찾아가!"라고 했다. 뺏어간 공기를 내가 다시 빼앗으니까 현승이가 나를 발로 찼다. 나도 현승이 등을 손바닥으로 때려서 현승이가 울었다. 그런데 엄마께 나만 야단을 맞았다. 엄마께 현승이가 먼저 그랬다고 말하려는데 엄마는 듣기 싫다고 했다. 현승이도 혼나야 하는데 나만 혼나서 억울했다.

3학년 여자아이가 쓴 '억울했던 일'이라는 제목의 글이다. 왜 자기만 야단을 맞아야 했는지, 풀리지 않는 이 수수께끼 때문에 아이는 내내 속이 상해 있었다. 이 글을 썼을 때는 사건이 있은 지 이미 2주나 지나 있었지만, 아이는 글을 쓰는 내내 억울하다면서 "아휴!" 하거나 "에잇!" 하면서 분노를 토했고, 손으로 가슴을 치기도 했다. 그러다 이내 잠잠해져 글쓰기에 몰두하는 모습을 보였다. 글쓰기를 마친 후 발표를 하고 나자, 아이는 "이제 속이 다 시원해요."라고 말하면서 미소를 지어 보였다. 당시 느꼈던 억울함을 글로 표현하는 사이 속상했던 그간의 감정들이 모두 날아간 듯 보였다. 몇 년 전의 일이지만, 지금도 그 아이의 웃는 모습이 눈에 생생하다.

글쓰기가 심리적 정화 효과를 가졌다는 것은 널리 알려져 있는 사실이다. 심리 치료의 한 방법으로 자기 성찰의 글쓰기를 권하는 것도 이 때문이다. 누구나 한 번쯤은 글을 쓰는 것만으로도 속이 후련해졌던 경험이 있을 것이다. 괴롭고 속상했던 일, 짜증나고 화났던 일들을 적다 보면, 어느새 흥분으로 떨리던 손과 가슴이 잠잠해진다. 글씨는 엉망이고 문장은 비문투성이더라도, 지금의 마음 상태를 솔직하게 글로 옮기는 행위만으로도 편안해지는 것을 느낄 수 있다.

『치유의 글쓰기』의 저자 셰퍼드 코미나스는 글쓰기로 삶이 바뀌었다고 고백한다. 편두통이 심해 통증클리닉을 찾은 그는 글을 써보라는 전문의의 제안에 일기를 쓰기 시작했고, 그 덕분에 삶의 변화를 체험했다고 말한다. 그리고 자신의 경험에 비추어 마음의 상처를 치유하는 글쓰기의 효과와 방법을 소개하였다.

최근에는 중년 여성의 화병이나 우울증을 치료하는 데도 글쓰기를 활용한 연구가 이루어지고 있다. 마음의 상처에 관한 글쓰기는 면역 기능을 향상시킨다는 연구 결과도 나왔다. 암 환자를 비롯한 여러 환자들의 병세 호

전에 탁월한 효과가 있다는 것이다. 그뿐만 아니라 감정 조절에 어려움을 겪는 사람에게 긍정적인 사고를 심어 주어 마음을 치유하는 데 확실한 효과를 발휘한다는 연구들도 쏟아지고 있다. 이렇듯 글쓰기의 심리적 정화 효과를 입증할 만한 사례들이 늘고 있다.

캘리포니아 롱비치 윌슨 고등학교 교사인 에린 그루웰도 『프리덤 라이터스 다이어리』를 통해 글쓰기가 불러일으킨 놀라운 기적을 소개했다. 불량학생들의 집합소인 윌슨 고등학교 203호 아이들이 글쓰기를 하면서 절망을 이겨내고 용기를 배워 나간 실화다.

윌슨 고등학교는 인종 차별과 패싸움이 끊이지 않았고, 반에는 마약 중독을 치료 중인 아이, 보호관찰 중인 아이들이 대부분이었다. 그러던 어느 날 에린 그루웰이라는 새로운 국어 선생님이 이 학교로 발령을 받으면서 그동안 차별과 절망, 패배를 당연하게 여겼던 아이들이 변해 가기 시작했다. 그녀는 학생들에게 『안네의 일기』와 『즐라타의 일기』 등의 문학 작품을 읽히고 글을 쓰게 했다. 그녀의 글쓰기 교육은 아이들에게 자신의 위치를 돌아보고, 내일에 대한 꿈을 꾸게 하였다.

에린 그루웰의 수업을 통해, 무기력했던 아이들은 편견과 오해에 맞서는 법을 조금씩 터득하게 되었다. 그리고 이 과정에서 얻은 생각과 느낌을 일기장에 기록하기 시작했다. 일기 쓰기로 삶의 변화를 체험한 아이들은 스스로를 '자유의 작가'라 칭하면서, 글쓰기로 지역 사회에 기여하고자 '자유의 작가 재단'을 설립했다. 글쓰기가 아이들을 변화시켰고, 나아가 다른 사람에게까지 긍정적인 영향을 끼친 대표적인 사례라 할 수 있다.

| 글쓰기의 목표는 바른 문장 쓰기가 아니다 |

글쓰기는 마음을 치유하고 생각을 변화시키는 강력한 힘을 가지고 있다. 그런데 어른들은 아이들의 글을 읽으면서 자신도 모르게 문장력이나 표현력, 심지어 아이들의 생각까지 바로잡아 주려고 한다. 가르치는 일에만 집중한 까닭이다. 바른 문장을 쓰는 일도 중요하지만, 글쓰기의 목적은 잘 쓰는 데 있지 않다. 쓰고 싶은 마음에서 찾아야 한다. 그러기 위해서는 먼저 아이의 생각이나 마음에 공감해 주어야 한다. 이러한 행위만으로도 글쓰기를 대하는 아이들의 태도가 달라진다. 그러므로 아이의 글을 대하는 부모와 교사는 항상 이 점에 유의해야 한다.

> 이빨이 많이 흔들려서 치과에 가서 이빨을 뺐다. 의자에 누울 때 너무 무서웠지만 용기를 내고 누워서 의사 선생님을 기다리는 동안 가슴이 두근두근. 앗! 눈물이 펑펑. 이빨을 뺀 자리가 너무 아파서 우주 끝까지 날아갈 것 같다.
>
> **담임선생님 댓글 :** 겁쟁이야? 아니잖아. 남자는 절대 우는 게 아냐.

치과에 갔던 경험을 담은 1학년 남자아이의 일기다. 우주 끝까지 날아갈 것처럼 아팠다는 아이의 말이 사랑스럽다. 그런데 어른들은 무심코 "남자는 우는 게 아냐."라고 훈계하는 댓글을 단다. 치과는 어른들에게도 두려운 곳이다. 아이는 의자에 누울 때 무서웠지만 용기를 냈다고 했다. 이 행동에 폭풍 칭찬을 해줘야 했다. 하지만 선생님은 아이가 눈물을 흘렸다는 사실만을 콕 짚어 댓글을 달았다. 아마도 아이는 다음에 울게 되더라도 솔직하게 쓰지 않을 것이다.

텔레비전에서 세월호 참사 이야기를 보았다. 정말 많은 사람들이 바다에서 나오지 못하고 죽었다. 다시는 그렇게 안타까운 일이 생기지 않아야 한다. 실종자는 다 사망자일까? 이렇게 차가운 물속에서 약 2주나 지났는데 어떻게 되었을까? 불쌍하다. 시신을 찾지 못하면 어떻게 되는 걸까? 하지만 잠수부도 쉬어야 할 텐데…… 시신이 나오면 그래도 나오려나?

담임선생님 댓글 : 선생님도 정말 마음이 아프구나. 다시는 이런 일이 생기지 않아야 해. 그리고 시신을 찾는 일은 아주 중요해. 시신을 찾아서 하늘나라에 잘 가라고 기도해 줘야 하지 않을까?

세월호 참사가 있고 나서 2학년 남자아이가 쓴 일기다. 선생님은 댓글을 통해 "선생님도 너처럼 마음이 아프구나." 하고 안타까워하는 아이의 마음에 동조하는 한편, 아이가 미처 생각하지 못하고 있던 의미에 대해 알려 주고자 했다. 사실 아이의 일기에 코멘트를 달아 주는 일은 생각보다 쉬운 일이 아니다. 특히 교사들은 학급 아이들 모두의 글에 댓글을 달아 줘야 하는 까닭에 품과 노력이 많이 든다. 그렇지만 일기는 교사와 아이의 소통 창

구인 만큼, 사명감을 가지고 일기 쓰기를 지도해야 한다. 무엇보다 아이는 교사의 댓글을 통해 앞으로 어떻게 행동하고 생각하는 것이 옳은지를 판단하게 되므로 신중하게 써야 한다. 부모가 아이의 일기를 체크할 때도 마찬가지다.

리더에게 필요한 공감 능력을
키워 준다

> 잠자리를 잡았다. 처음에는 날개를 하나씩 뜯어 버리고, 다리를 한 개씩 뽑
>
> 았다. 잠자리가 꼬리를 파르르 움직였다. 계속계속 움직였다. 재미있었다.

3학년 아이가 쓴 일기다. 3학년이면 곤충도 생명이 있다는 것을 충분히 아는 나이다. 잠자리 꼬리의 움직임은 죽음을 앞둔 잠자리의 비명이라 할 수 있다. 하지만 아이는 그걸 보고 재미있었다고 표현했다. 얼핏 보면 생명의 소중함을 모르는 비정한 아이로 비쳐지는 글이다.

아이들은 '재미있다, 즐겁다'와 같은 대표 감정에 대해서는 알지만, 괴로움, 슬픔, 우울함처럼 세분화된 감정까지 정확하게 이해하는 데는 시간이 걸린다. 아직 삶의 경험치가 적어 느껴 보지 못한 감정들이 많기 때문이다. 그러다 보니 감정 자체에 대해 잘 모를 수도 있고, 상대의 감정을 읽지 못

하는 경우도 많다.

공감이란 내 감정은 물론이고 다른 사람의 감정도 내 것처럼 느끼는 것을 의미한다. 희로애락과 같은 기본 감정부터 죄책감, 당황스러움, 고통 등 복합적인 감정까지 알고 느끼는 것을 말한다. 공감 능력이 다른 사람을 이해하는 수단이 되는 것도 이 때문이다. 그래서일까, 공감 능력이 높을수록 다른 사람들과 잘 어울리며, 낮을수록 대인 관계가 원활하지 못하다. 실제로 수도권 중학생들을 상대로 조사한 결과, 인기가 많은 아이들은 공감 능력이 탁월한 것으로 나타났다.

그리고 이러한 공감 능력은 리더의 필수 요건으로 꼽히고 있다. 세계 최초로 '감성 지능(EQ)'이라는 개념을 만들어 낸 세계적 심리학자 대니얼 골먼은 미래 사회를 좌우할 화두로 '사회 지능(Social Intelligence)'을 꼽았다. 사회 지능은 사람들과 잘 어울리는 능력을 말하는데, 사회 지능의 핵심 요소가 바로 공감이다. 또한 공감 능력이 높은 아이들은 정서적으로 안정적이고 인지 능력이 우수하여 그만큼 학습 의욕도 높다는 연구 결과가 있다. 반대로 공감 능력이 낮으면 주변 상황을 잘 이해하지 못해 자신의 앞에 닥친 문제를 잘못 파악할 우려가 있다. 당연히 문제를 잘 해결하지 못할 확률이 높아진다.

다음은 4학년 아이가 쓴 '불쌍한 아기 참새'라는 글이다.

집 근처에서 아기 참새 한 마리가 못 날고 바닥에서 헤매는 걸 보았다. 불쌍해서 엄마가 담 위로 올려 주려고 했더니 "짹짹" 울면서 도망을 갔다. 통통 튀면서 도망가다가 푸드득 나는가 싶더니 차 번호판에 부딪혔다. 그러고는 무서웠는지 타이어 사이에 몸을 숨겼다. 만약 차가 움직였으면 그만 목숨을 잃었을 것이다. 그래서 "후후" 불어서 움직이게 했다. 그랬더니 참새가 조금 날다가 다시 내려앉았다. 그 뒤에 엄마 참새로 보이는 참새가 날아왔다. 그래도 떨어질 것 같았다. '고양이한테 잡아먹히면 어쩌지? 집으로 데려올 걸 그랬나?' 하는 생각이 들었다.

참새가 고양이한테 잡아먹힐까 봐 걱정하는 모습이 예쁘다. 아이는 이 글을 쓰기 전에 이미 가족들과 친구들에게 이날 본 아기 참새에 대한 안타까움을 이야기하였을 것이다. 참새가 느꼈을 고통을 전달하기 위해 최대한 안타까운 표정과 말투를 사용했으리라. 그리고 이 얘기를 글로 쓰면서 다시 한 번 참새의 마음을 읽었을 게 분명하다. 글쓰기란 '글감 찾기, 회상하기, 글쓰기, 고치기' 이 모든 과정을 통틀어 이르는 말이다. 글을 쓰는 내내 아이는 당시 상황을 떠올리며 그때 받았던 생각과 느낌을 되살리게 된다. 이렇게 당시 느낀 감정을 다시 회상하는 동안, 공감 능력이 발달한다.

누구나 답답하고 억울한 일, 슬프고 괴로운 일, 즐겁고 신나는 일을 겪으면 말을 하거나 글로 표현하고 싶어진다. 그 마음을 상대가 알아주고 반응해 주면, 속이 후련해지는 느낌이 든다. 아이의 감정을 읽어 주고 반응을 보여 줌으로써 아이의 공감 능력을 발달시킬 수 있다.

글을 쓰기 전에 글감에 대해 이야기를 나누거나 아이와 함께 글쓰기를 하다 보면, 부모는 자녀의 감정에 동화된다. 또 아이는 부모의 감정으로부터 다양한 감정을 배울 수 있다. 자신의 감정에 반응하는 부모의 말과 행동을 통해 상대의 감정에 어떻게 반응해야 하는지 깨닫는다. 글쓰기는 내 감정과 타인의 감정이 모두 소중하다는 것을 가르치는 데 매우 효과적인 것이다. 이러한 경험들이 쌓여 공감 능력이 높아진다.

또래가 쓴 글을 읽게 하는 것도 '나도 저런 적이 있는데⋯⋯.' 하는 느낌을 불러일으켜 공감 능력을 기르는 데 도움이 된다. 또래가 주인공으로 등장하는 생활동화를 읽으면서 그 마음을 이해할 수 있는 것은 유사한 경험을 공유하기 때문이다. 아이들이 쓴 글을 엮은 책으로 『학원 가기 싫어!』(이주영 지음, 우리교육), 『쉬는 시간 언제 오냐』(초등학교 93명 아이들 지음, 휴먼어린이) 등이 있다.

삶의 가치를
깨닫게 한다

"매일 똑같은데 뭘 써요?" "쓸 게 없어요."

글쓰기 시간이면 어김없이 쏟아지는 아이들의 하소연이다. 몸서리치게 글쓰기를 싫어하는 아이들에게 "글쓰기는 어렵지 않아."라고 백번 말해 봤자 아무런 소용이 없다. 게다가 부모 자신도 글쓰기에 대한 두려움이 있다 보니 아이의 글쓰기 지도가 더없이 막막하다.

아이들은 어제도 오늘도 똑같아서 쓸 게 없다고 투덜대지만, 매일이 똑같다는 것은 아주 안정된 생활을 하고 있다는 증거다. 아침에 일어나 세수하고 밥 먹고 옷 입고, 학교에 가서 친구들과 수다 떨고 수업을 듣는 아이들. 학교가 끝나면 학원에 가거나 집으로 돌아가 숙제를 하는 것이 대부분 아이들의 일과다. 주부의 삶이나 직장인의 하루 역시 매일 비슷한 일과의 반복이다. 우리의 삶이란 이렇게 되풀이되는 일상 속에 존재한다. 사소한 일들이 수없이 반복되고 축적되어 인간의 역사가 이루어지는 것이다. 그리고 그 사소한 일들의 연속인 일상에서 글감을 잡아 쓰는 게 바로 글쓰기다.

그러나 막상 글을 쓰라고 하면 뭔가 특별한 일을 써야 할 것만 같다. 당연히 매일 똑같은 일상에서 글감을 잡기란 어려운 일이다.

아이들은 대개 새롭거나 즐거운 경험을 담고 있는 글을 잘 쓴 글로 착각하곤 한다. 나의 일상처럼 지루하지 않고 뭔가 신선하다는 느낌이 들기 때문이다. 그래서 아이들의 글을 보면 글감이 비슷비슷하다. 다음은 아이들의 글에서 첫 문장만을 모아 놓은 것이다.

- 결식아동 돕기 마라톤 대회에 참가했다.

- 목화 축제에 갔다.

- 이모네 식구들과 모락산에 갔다.

- 경주에 가서 유적지를 둘러보았다.

- 캠핑장에 도착하자마자 나는 수영부터 했다.

- 진경이 생일 파티에 갔다.

아이들은 가족과 함께한 여행이나 체험 학습처럼 특별한 경험들을 글감으로 쓴다. 글쓰기도 쉽고 더 좋아 보이기 때문이다. 겪은 일을 나열만 해도 충분한 분량이 나오고, 그때의 장면이 떠올라 읽는 사람도 즐겁다. 그러다 보니 쓰는 사람이나 읽는 사람이나 모두 일상에서 벗어난 일을 나열한 글을 잘 쓴 글로 뽑는다.

하지만 매일 이벤트와 행사로 가득한 삶을 사는 사람은 없다. 언제나 같아 보이는 일상이지만, 그 안에서 조금씩 달라진 모습을 발견하거나 흩어진 생각들을 잡아낼 수 있다면, 하루하루가 새로워 보일 것이다. 그러기 위해서는 아이에게 어떤 글감으로 글을 쓰게 해야 할까? 관찰력을 높이고 생각의 깊이를 드러낼 수 있는 주제이면서 동시에 삶의 가치를 높여 줄 수 있는 주제를 찾아보자.

글쓰기를 앞두고 찡그린 얼굴로 고민하는 아이들에게 친구랑 나눈 이야기, 오고가며 본 것, 밥 먹으면서 부모님과 나눈 이야기를 글로 써보라고 하면, "그런 게 글쓰기가 돼요?"라고 반문한다. 이때마다 "글쓰기는 사소하다고 생각하는 일상을 붙들어 쓰는 것"이라고 말해 주면서 "유명한 시인이나 소설가가 쓴 책들도 다 우리 주변에서 누구나 경험할 수 있는 것들을 소재로 한 거야. 글감은 특별한 것이 아니란다." 하고 덧붙인다.

매일 만나는 가족이나 친구 이야기, 식탁에서 벌어지는 소소한 일들, 거울에 비친 내 모습이 유난히 예뻐 보인 날, 매일 미운 짓만 하는 동생에게 미안했던 일, 앞으로 하고 싶은 일, 좋아하는 동물, 소중히 여기는 물건에 얽힌 이야기, 아빠가 좋아하는 김치찌개와 내가 좋아하는 피자를 비교하는 일과 같이 일상을 되짚어 보면서 글감을 정해 보자. 이러한 주제로 글쓰기를 하다 보면, 지루했던 일상이 새로워 보이고 자신의 삶에 애착을 느끼게 된다.

다음에 소개하는 것은 '가족 이야기'를 글감으로 삼아 쓴 3학년 여자아이의 일기다.

외증조할머니 댁에 갔다. (…중략…) 외증조할머니는 올해로 연세가 95세라고 한다. 정말 누구라도 입이 떡 벌어질 연세다. 외증조할머니는 연세가 그렇게 많으신데도 밖에 나가시니 정말 대단하신 것 같다. 외증조할머니께서는 할머니와 만나셨을 때 울으셨다. 나는 그 이유를 몰랐지만 지금 동생 한별이가 보고 싶다는 생각을 하니까 그 이유를 알겠다. 엄마와 딸이 떨어져 있으면 엄청나게 보고 싶을 것 같다. 외증조할머니께서 오래오래 사셔서 나와 한별이를 많이 만났으면 좋겠다.

가족 이야기는 참 좋은 글감 중 하나다. 기쁘거나 슬프거나 언제나 가장 먼저 떠오르는 사람은 가족이다. 그런데 워낙 가깝다 보니 그 소중함을 잊고 산다. 가족을 주제로 한 글쓰기를 하는 동안, 아이들은 가족의 의미와 존재의 소중함에 대해 되돌아볼 기회를 갖는다.

| 부모와 주고받는 대화는 아이를 성장시킨다 |

부모와 자녀의 일상적인 대화도 훌륭한 글감이 된다.

엄마가 "동열아, 승열이가 입은 옷 본 것 같지 않니?" 내가 "아니? 몰라." 그랬다. "네가 아기 때 입었던 옷이야." 그래서 진실인가 확인하려고 사진을 보았는데, 정말 내가 입고 있었다. 정말 놀라웠다. 내가 저렇게 작았었다니.

1학년 아이가 쓴 '아기 때 입은 옷'이라는 제목의 글이다. 부모와 아이는 그 옷에 대해 이야기하며 잠깐이지만 추억에 잠겼을 것이다. 이처럼 사진을 보면서 어릴 적 에피소드를 들려주는 일은 아이에게 소속감과 안정감을 갖게 한다. 부모와 주고받은 대화는 아이를 성장시킨다.

다음은 3학년 아이가 텔레비전 프로그램을 보면서 엄마와 나눈 이야기를 쓴 글이다.

텔레비전에서 글로벌 프로젝트 나눔을 보았다. 아프리카에 사는 가족이 나왔는데, 15살 형아와 동생들이 세 명이나 있었다. 그 아이들은 더러운 물을 떠먹고 밥 대신 우유 같은 걸 마셨다. 왜 밥을 안 해 먹는지 궁금해서 "밥을 해 먹으면 되는데 엄마가 없어서 그런 것 같아"라고 했더니, 엄마가 "저 나라 사람들이 모두 가난해서 먹을 것도 없고 옷도 없는 거야. 그래서 세계 여러 나라 사람들이 도와야 해"라고 하셨다. 정말 불쌍하다. 엄마랑 굿네이버스로 아프리카 말라위에 있는 아이들을 돕기로 했다. 3만 원으로 도울 수 있을지 궁금했다. 그러자 엄마는 3만 원을 보내주면 아이가 먹을 음식도 주고 학교에도 다닐 수 있다고 했다. 이렇게 도울 수 있는지 몰랐다. 친구들에게도 알려줘야겠다.

엄마의 설명을 통해 아이는 아프리카 아이를 도울 수 있는 방법에 대해 알게 되었다. 친구들에게 알려줘야겠다는 생각까지 들었다니, 부모와의 대화가 세상을 보는 눈을 넓혀 준 경우다.

자녀가 어릴 적에는 집 안에 생기가 돈다. 가족들이 모두 수다쟁이가 되기 때문이다. 하지만 자녀에게 사춘기가 다가오면 대화가 점차 줄어들어 조용하다 못해 썰렁하기까지 하다. 서로 소통하는 가정을 원한다면 아이와 글쓰기를 해보자. 글쓰기를 하다 보면, 자연스럽게 자녀의 어릴 적 이야기나 다른 사람 이야기, 혹은 특정 사물이나 현상에 대한 서로의 생각을 나누게 된다. 덕분에 집안 분위기도 좋아지고, 세상을 바라보는 아이의 시야도 넓어질 것이다.

아이들의 글을 통해 삶의 가치를 높이는 글감을 살펴보았다. 이렇게 소소한 일상에 자신의 생각을 덧붙이다 보면, 아이의 하루는 지겹고 지루한 일상이 아니라 뭔가 새로운 일이 기대되는 날들로 변모해 간다. 삶의 가치를 아는 사람은 자신의 삶이 소중하다고 느낀다. 이런 사람은 삶의 모든 순간에서 글감을 찾고, 글쓰기를 통해 삶을 더욱 단단하게 만든다. 생각을 가꾸는 글쓰기, 삶의 가치를 발견하는 글쓰기는 특별한 경험이 아닌, 일상에서 찾아낸 글감으로부터 시작된다.

왜 초등 적기글쓰기를
해야 하는가?

미국 유치원에서는 아이들이 직접 글을 쓰는 모습을 볼 수 없다. 그것은 왜일까?
생각해 볼 문제이다. 아이의 발달 과정에 맞지 않는 글쓰기는 아무런 효과가 없을
뿐 아니라, 오히려 아이의 발달을 저해하는 결과를 초래한다.

글쓰기에도
적기가 있다

조기학습에 따른 부작용이 완전히 수면 위로 드러나자, 이제는 이를 금기시하고 꺼려하는 분위기가 교육계에 형성되고 있다. 교육자로서 반가운 일이 아닐 수 없다. 그러나 현실은 적기교육이 필요하다는 말만 무성할 뿐, 우리 아이들의 삶은 여전히 발달 과정을 앞지른 선행교육에 노출되어 있다. 아이들은 지금도 상급학교에서 해도 될 학습을 강요받고 있다.

국공립 어린이집 7세 반은 다른 연령대에 비해 인원이 현저하게 적다. 또 학습보다 자연 체험을 중점에 둔 어린이집은 연령이 높은 반일수록 학부모들에게 외면당하고 있다. 누리 과정에 충실한 국공립 어린이집의 7세 반과 학습 시간이 상대적으로 부족하다고 여겨지는 자연 체험 시설은 학교 공부에 도움이 안 된다는 그릇된 생각 때문이다.

누리 과정은 한마디로 우리나라 만 3~5세 어린이를 대상으로 한 무상 보육 과정이다. 우리나라의 초등학교와 중학교에서 실시하는 의무 교육처럼,

모든 아이들에게 동등한 혜택을 주겠다는 교육 정책이다. 그러다 보니 선행 학습을 원하는 일부 학부모들의 요구에 부응하기 위해 민간 어린이집에서는 방과 후 특별 활동과 같은 선행학습 프로그램이 고개를 들고 있다.

어린이집 운영자의 이야기에 의하면, 7세 반은 인원이 워낙 적어 운영하기도 쉽지 않은데다가 학습에 대한 학부모들의 요구가 강한 탓에 보육교사들이 소신 있는 유아 교육을 할 수 없다고 한다. 게다가 한글은 기본이고 영어와 한자, 심지어 받아쓰기와 그림일기, 독서감상문 쓰기까지 지도하는 민간 어린이집의 인기는 하늘을 찌른다는 것이다.

자녀를 민간 어린이집에 보내는 학부모들에게서 "우리 아이가 다니는 어린이집에서는 한자 급수 시험을 준비하고, 일기와 독서감상문 쓰기를 과제로 내준다."는 이야기를 종종 듣는다. 초등학교에 가서 할 것들을 미리 연습하고 있는 것이다.

아이의 수준이나 능력을 고려하지 않은 선행학습의 피해는 고스란히 아이에게 돌아간다. 말의 소리와 문자와의 상호 관계를 익히고 있는 유아는 사고를 관장하는 두뇌 부위가 아직 발달하지 못해 미숙한 상태다. 그런 아이들에게 사고를 재구성하여 표현해야 하는 글쓰기를 강요하는 것은 두뇌 발달을 방해하겠다는 얘기나 다름없다.

모국어를 획득하여 자유자재로 말할 줄 안다고 해도 자기가 아는 것이나 생각한 바를 글로 표현하는 일은 쉽지 않다. 말하기와 글쓰기는 두뇌의 인출 과정부터 다르기 때문이다. 글쓰기는 말하기에 비해 훨씬 더 복잡한 사고 능력을 요구한다. 또 글은 독자를 전제로 하기 때문에 정확한 표기법으로 써야 한다. 같은 분량이라도 말하기에 비해 시간이 많이 소요되며, 표현법이나 수사법에 신경 써야 하는 등 수준 높은 소통 능력을 필요로 한다. 이렇듯 글쓰기는 말하기보다 제약이 많다. 그런 까닭에 아이의 발달 과정에 맞지 않는 글쓰기는 아무런 효과도 없을 뿐 아니라, 오히려 아이의 발달을 저해하는 결과를 초래한다.

적기글쓰기로
두 마리 토끼를 잡아라

흔히 글쓰기는 과제를 수행하는 방편 정도로 생각하는 경향이 있다. 학교에 제출해야 하는 일기나 독서감상문 또는 논술 시험에 대비하거나 자기소개서 작성을 위해 필요할 뿐이다. 이와 같은 글쓰기에 대한 잘못된 인식부터 바뀌어야 한다. 글쓰기는 자신의 생각과 아는 것을 표현하는 행위다. 즉 자유로운 생각과 다채로운 표현 기회를 주는 것이 글쓰기의 시작이다.

또한 글쓰기는 그 자체만으로도 의미가 있다. 아이의 능력을 총체적으로 발달시킬 뿐만 아니라, 앞으로 살아가는 데 커다란 힘이 되어 준다. 그렇기에 더더욱 아이의 발달 상황에 맞는 적기글쓰기가 이루어져야 한다. 말을 배워서 능숙해지기까지 충분한 시간이 필요하듯, 책을 읽고 이해하는 과정이 서서히 이루어지듯, 글쓰기도 느릿느릿 발전한다는 사실을 잊지 말아야 한다.

그렇다면 미국 초등학교에서는 글쓰기 교육을 어떻게 하고 있을까? 우리나라와 마찬가지로 미국도 글쓰기 과목이 별도로 지정되어 있지 않아서 수업 방식을 명확하게 말하기는 어렵다. 하지만 한 가지 분명한 사실은 유치원과 초등학교 1학년 교실에서 아이 혼자 글을 쓰는 모습을 찾아볼 수 없다는 것이다.

유럽의 대다수 선진국들과 마찬가지로 미국 유치원과 초등 1학년 교실에서 아이들은 글을 쓰지 않는다. 대신 아이들이 하는 말을 교사가 받아 적는 식으로 수업이 진행된다. 글을 쓰는 행위보다 아이의 생각이 중요하다는 것을 보여 주고 있다. 아이는 자기가 한 말이 적힌 문장을 보면서 말이 글이 되는 과정을 익힌다. 엄마가 하는 말을 모방하면서 모국어를 획득하는 것처럼 아이는 교사의 쓰기 행위를 모방하여 스스로 글을 쓸 수 있게 된다.

외국의 교육 현실을 우리나라 교실에 그대로 옮겨 놓자는 것은 아니다. 최소한 아이가 쓴 글에서 맞춤법을 지적하거나 문장력을 평가하는 행위는 금해야 한다는 점을 강조하고 싶다. 생각을 말로 표현하고 문자로 옮기는 과정이 곧 글쓰기라는 것을 잊지 않기를 바란다.

적기글쓰기의 해법을 이해했다고 해도 실천이 어렵거나, 여전히 학교에서 내주는 글쓰기 과제 앞에서 고민하는 부모가 있을 것이다. 이러한 고민이 해결되도록 현실적인 적기 글쓰기 코칭법을 담고자 했다. 이를 통해 아이의 성장을 자극하여 발달을 촉진시킬 수 있으며, 학년별 글쓰기 과제도 해결할 수 있을 것이다. 아이에 맞는 코칭법을 익혀 실천해 보길 바란다.

적기글쓰기의
최종 목표

　　　　　　마주 이야기는 대화를 뜻하는 순우리말이다. 마
주 이야기는 아이와 교사, 또는 아이와 부모가 나눈 이야기를 글로 적는 활
동으로, 유아와의 소통을 증진시켜 교육적 효과가 아주 높다. 또 글로 남긴
마주 이야기를 아이에게 읽어 주면, 말이 곧 글이 되는 과정을 알 수 있으
므로 글쓰기 교육의 바탕이 된다.

　뭐니 뭐니 해도 마주 이야기의 장점은 의사소통의 기본 태도를 길러 주
는데 있다. 이야기를 나눌 때는 말하는 사람과 듣는 사람이 자신의 역할에
충실해야 한다. 아이가 말을 할 때는 부모가 주의 깊게 들어주어야 하는 반
면, 부모가 말을 할 때는 아이가 잘 듣도록 명확하게 표현해야 한다. 아이
는 이 과정을 반복하면서 듣기와 말하기의 기본 태도를 배운다. 또 자신의
말을 잘 들어주는 부모로 인해 자아존중감이 형성된다. 마주 이야기가 가
져다주는 교육적 효과는 상호 존중을 바탕으로 한 의사소통 능력의 배양이
라 할 수 있다.

초등 1학년의 첫 글쓰기 대명사격인 그림일기를 떠올려 보자. 우리나라의 1학년 아이들은 약속이라도 한 듯 그림일기를 쓴다. 글에 그림을 곁들이면 아이들이 좀 더 쉽고 부담 없이 글쓰기를 시작할 것이라는 데 착안한 교육 방법이다. 그림일기는 글과 그림이 서로 보완 역할을 하기 때문에, 표현하고 싶은 내용을 풍부하게 나타낼 수 있는 특징을 가진다.

두 마리의 토끼를 한 번에 잡을 수 없듯이 그림과 글을 모두 잘하기는 쉽지 않은 일이다. 그림일기는 그림을 잘 그리는지 글을 잘 쓰는지 평가하기 위한 게 아니라 표현의 연습 과정이라는 것을 기억해야 한다. 글과 그림에서 모두 완성도 높은 결과물을 요구한다면, 아이의 첫 글쓰기 경험은 악몽이 될 것이다. 다시 말해 아이들의 첫 글쓰기 경험은 자유롭고 편안하고 즐거운 상태에서 이루어져야 한다.

유아의 마주 이야기 활동이나 초등 1학년 아이의 일기 쓰기는 모두 의사소통의 기본 태도와 소양을 길러 주기 위한 교육법이다. 준비가 덜 된 아이를 부모가 앞에서 이끈다고 하여 성장을 도울 수 있는 것은 아니다.

적기글쓰기란 아이의 연령 및 발달 수준에 맞는 글쓰기를 말한다. 아이는 온 에너지를 성장하는 데 쓴다. 신체 발달은 물론이고, 두뇌 발달에 따른 인지 및 정서, 사회성까지 어느 하나라도 치우치지 않고 골고루 성장해야 한다. 마찬가지로 기술만 익힌다고 해서 글쓰기를 잘할 수 있는 것이 아니라, 읽기와 말하기와 듣기의 고른 발달이 수반되어야 한다. 학년이나 연령에 따른 어휘력과 사고력도 글쓰기 발달을 돕는다. 즉 적기글쓰기는 아이의 전반적인 발달과 함께 진행되는 특징을 가지고 있다.

적기글쓰기는 적기교육의 한 형태다. 선행학습이 아이의 흥미를 떨어뜨려 학습 의욕을 좌절시키는 것처럼, 선행 글쓰기 교육은 '글쓰기는 어려운 것'이라는 인식만 심어 준다. 글쓰기의 효과를 온전히 누리는 비결은 천천히, 그러나 즐거운 글쓰기 경험을 충분히 하도록 배려하는 일이다.

아이들에게 글쓰기 교육을 하는 까닭은 우리말 사용 능력을 최대한 높이고, 의사소통 도구를 원활히 하도록 돕는 데 있다. 그렇다면 글쓰기 교육의 최종 목표는 무엇일까? 바로 평생 필자 만들기다. 글쓰기에 매력을 느끼고 글쓰기를 삶에 끌어들일 줄 아는 사람 말이다. 이런 사람은 글로 자신을 표현할 수 있고, 상대를 설득하거나 감동시킬 수 있으며, 자신의 마음도 위로할 줄 안다.

글쓰기는 학업의 바탕이 되며 성공적인 사회인으로 살 수 있도록 돕는다. 또한 자신을 바로 이해하고 세상을 정직한 시각으로 바라볼 줄 아는 사람으로 만든다. 학창 시절, 아이의 성장과 더불어 쌓은 글쓰기 능력은 필경 삶의 질을 높여 줄 것이다.

3장

적기의 기준은
'아이'다

3-1.

발달 단계로 체크해 보는
아이의 글쓰기

글쓰기를 시작하는 아이들은 모두 공통된 발달 특성을 보인다. 이를 알게 되면, 글 쓰기를 통한 효과들을 온전히 아이의 것으로 만들어 줄 수 있다. 부모도 아이도 즐 겁게 글쓰기 활동을 할 수 있게 된다.

부모가 가장 먼저
해야 할 일

글쓰기도 다른 과목과 마찬가지로 수준에 맞는 지도가 필요하다. 적절한 글쓰기 지도는 글쓰기 흥미를 부여해 주고, 글쓰기 능력을 향상시켜 준다. 뿐만 아니라 글쓰기를 통한 효과들을 온전하게 아이의 것으로 만들어 줄 수 있다. 따라서 아이를 지도하기에 앞서 가장 먼저 해야 할 일은 아이의 글쓰기 수준이 어느 정도인지 파악하는 일이다.

독서 수준이 학년과 반드시 일치하지 않는 것처럼 글쓰기 수준도 마찬가지다. 만일 아이가 연령에 비해 다소 낮은 글쓰기 단계에 머물러 있다고 판단되더라도 실망할 필요는 없다. 그동안 과제를 하기 위한 글쓰기만 했을 뿐이지 제대로 교육을 받아 본 적이 없다는 사실을 기억해야 한다.

지난 십수 년 동안 아이들을 지도해 본 결과, 글쓰기를 시작하는 아이들은 모두 공통된 발달 특성을 보였다. 아이가 가진 경험이나 배경지식의 차이, 상위 인지 능력이나 심리적 요인 등에 따라 개인차가 심하다는 것이다. 이러한 아이의 다양한 측면을 이해하기 위해서는 글쓰기 발달 단계를 알아야 한다. 아이의 학년별 성장 속도에 준한 글쓰기 지도법에 대해 알아보기 전에 글쓰기 발달 단계를 먼저 살펴보는 이유이기도 하다. 발달 단계를 이해하지 못하면 아이의 현재 글쓰기 수준과 상관없이 연령이나 학년에 따른 글쓰기를 강요하게 된다. 따라서 '적기'의 절대 기준은 '아이'임을 잊어서는 안 된다.

떠오르는 생각을 자유롭게 쓴다

글쓰기를 처음 경험한 유아부터 초등 1학년 전후의 아이들에 속하는 단계다. 이 단계의 아이들은 자신의 말이 문장이 되고, 나아가 한 편의 글이 되는 과정을 신기하게 여긴다. 이때 적절한 칭찬과 격려를 해주면 글쓰기에 재미와 즐거움을 느낀다. 아직은 주제를 스스로 선택하거나 쓰기 방법을 고를 수 있는 단계는 아니다. 큰 고민 없이 떠오르는 대로 글을 쓰기 때문에 글쓰기 소요 시간이 10분 이내로 짧은 편이다.

이 시기 아이들의 글을 살펴보면, 일상에서 겪었던 일들이 주를 이룬다. 그중에서도 특히 어디에 놀러가거나 외식을 하는 등 특별한 일들을 글감으로 선택한다. 앞에서도 이미 언급하였지만, 늘 반복되는 일상은 굳이 글로 써야 할 만큼 인상적이지 않기 때문이다.

현우네랑 어린이대공원을 가서 꽃사슴에게 밥을 줬다. 꽃사슴의 혀는 부드럽고 간질간질했다. 꽃사슴은 귀여웠다. 오늘은 정말 재미있었다. 그리고 코끼리도 봤고, 호랑이도 봤고 치타도 봤고 사자도 봤다. 오늘은 정말정말 재미있었다.

친구랑 공원에 간 일이 마냥 즐거웠던 아이의 글이다. 뭐가 그리 재미있었는지에 대한 자세한 설명은 없지만, 얼마나 신났는지가 저절로 느껴진다. 사실 재미있다는 말만 할 게 아니라, 재미있었던 내용을 쓸 수 있었다면 더욱 좋았겠지만, 일반적으로 이 단계의 아이들은 당시의 상황을 자세히 떠올려 쓰기란 버겁다.

오늘은 집에서 공부만 하니까 심심했다. 다 끝내고도 심심했다. 엄마가 뮤지컬 보자고 했다. 자나 돈트뮤지컬을 보자고 했다. 나는 제목만 듣고는 너무 재미없을 것 같다. 근데 보니까 너무 재미있다. 근데 좀 오래하지 않아 좀 섭섭했다. 그래도 본 것만은 잘했다. 오늘은 정말 재미있는 하루였다.

1학년 여자아이의 일기다. 공부만 하니까 심심했다는 말로 시작한 글은 재미있는 하루였다는 말로 끝이 났다. 어떤 내용이길래 재미있었는지에 대한 내용도 없다. 그냥 심심하고 재미있는 하루였다고 표현했다. 떠오르는 대로 자유롭게 쓰다 보니 어느 한 가지도 자세히 쓰지 못하고 두서없이 왔다 갔다 한다. 이 단계의 아이들에게는 아주 자연스러운 일이므로 이를 지적하고 바로잡으려고 애쓸 필요는 없다. 누구나 이렇게 시작한다.

> 오늘 케잌을 점심에 먹었다. 맛있었다. 그 케이크는 쉬폰 케잌이었다. 처음엔 맛이 없을 줄 알았다. 그런데 예상의 반대로 엄청 맛있었다. 이건 크리스마스여서 그런 것 같다고 생각을 하였다. 내가 원래 케잌 안에 있는 바나나는 싫어하거든. 먹어 보니 맛있는 걸.

한 가지 주제에 대해 쓰려고 애쓴 점이 기특하지만, 초기 글쓰기 단계의 특징을 고스란히 보여 주고 있다. 이 단계의 아이들은 형용사나 명사와 같은 품사의 위치나 문장의 구조, 맞춤법 등 글쓰기 규칙에 취약하다. 똑같은 단어도 다르게 쓰며(케잌, 케이크), 문장과 문장의 연결이 부자연스럽고, 사용한 어휘 수도 적다. 자유롭게 상상하면서 글을 쓰기 때문에 문장의 종결에도 '~하거든'체가 섞여 있는 것을 볼 수 있다.

> 나는 오늘 아침에 내가 먼저 일어났다. 그리고 세아가 일어났다. 그 다음에 아빠가 일어났다. 엄마는 계속 잤다. 그래서 아침을 먹으려고 했다. 사과를 깎고 빵에 치즈를 올리고 데웠다. 그리고 사과도 같이 먹었다. 쫄깃해서 더 맛있었다.

이 글처럼 초기 글쓰기 단계의 아이들은 쓸데없이 접속어를 자주 사용한다. 특히 '그리고, 그래서, 그런데'를 남발한다. 잘못된 접속어 사용은 글의 이해를 떨어뜨리지만, 이 단계 아이들에게 큰 문제가 되지 않는다. 또 하고 싶은 말이 앞서는 바람에 문장의 형태가 반복되는 것도 이 단계에 나타나는 특징이다. 이 글에서는 '○○가 일어났다'를 반복하고 있다.

그 밖에 두드러지는 특징

- 글을 쓸 때 종종 그림을 곁들인다.
- 문장의 길이 조절이 어려워 너무 길거나 너무 짧은 경향이 있다.
- 문장 부호를 무시하거나 잘못 사용하는 등 맞춤법 사용이 부정확하다.
- 외래어 표기법을 잘 모른다.
- '오늘' 또는 '나는'으로 시작한다.
- 헷갈리는 글자 : 내가 - 네가 / 되 - 돼 / 외-왜
- 헷갈리는 받침 : 같다 - 갔다 / 많다 / 않 - 안 / ㅅ 받침 - ㅆ 받침

'초기 글쓰기 단계'에 있는 아이들에게는 자신의 생각을 자연스럽게 표현할 기회를 충분히 주어야 한다. 완성도 높은 글 한 편을 쓰는 것보다 우스꽝스럽고 엉터리여도 글쓰기 경험을 많이 하는 것이 훨씬 중요한 단계다. 많이 써봄으로써 글쓰기 방법을 스스로 깨닫게 되기 때문이다.

이 단계의 아이들에게 맞춤법이나 띄어쓰기와 같은 글쓰기 규칙을 강조할 필요는 없다. 모르는 글자는 가르쳐 주되, 잘못을 지적한다는 느낌을 주어서는 안 된다. 맞춤법이나 글쓰기 규칙을 자주 지적받은 아이는 글쓰기

와 쉽게 가까워지지 못한다. 부모는 결과물이 아니라 아이가 쓰려는 내용의 의도를 파악하려고 애써야 한다.

또한 글의 형식보다 글의 내용에 집중해서 쓸 수 있도록 도와줘야 한다. 글을 쓰다가 무엇을 써야 할지 떠오르지 않으면 바로 쓰기를 멈추기 때문이다. 글쓰기에 대한 인내력이 부족해서 두어 문장을 쓰고 끝내기도 하는 게 이 단계의 아이들이다. 따라서 쓸거리가 충분하다는 것을 알려 줄 필요가 있다. 그러한 방법으로써 글을 쓰기 전에 어떤 내용을 쓸 것인지 충분히 이야기를 나누면 좋다. 이야기를 나누는 사이 다양한 글감이 떠올라 아이의 글도 풍성해진다. 떠오르는 생각을 자유롭게 쓰는 과정이 충분히 연습되어야 다음 단계로 넘어갈 수 있다.

2단계 : 과도기 단계
알고 있는 지식이나 경험을
나열하여 쓴다

여전히 초보 단계이지만, 떠오르는 대로 자유롭게 쓰는 단계보다 조금 더 발전된 형태의 글을 쓸 수 있다. 국어 교과에서 배운 글쓰기 기술이나 그동안 나름대로 터득한 맞춤법, 띄어쓰기, 문장 부호와 같은 글쓰기 규칙과 방법을 적용해 보는 단계다. 자신이 알고 있는 지식이나 경험, 생각한 바를 잔뜩 나열하여 쓰다 보니 글이 좀 더 풍성해지고 분량도 많아진다.

양성평등이란 여자와 남자가 모두 동등하다는 것이다. 보통 여자하면 분홍색이 떠오르고, 남자하면 파랑색이 생각난다. 하지만 이것도 남녀차별이 될 수 있다. 남녀차별은 사소한 일에서도 일어난다. 예를 들어 학교에서 남자는 앞 번호이고 여자는 뒷 번호란 것. 그리고 '여자는 축구를 할 수 없다'는 것이다. 또 여자는 치마를 입어야 한다는 편견이 없어지길 바란다.

사실 나도 치마보다 바지가 편하다. 나중에는 우리나라도 남녀차별이 없어지겠지만 나도 그런 미래를 위해 열심히 노력해야 한다. 양성평등이라는 말이 사라지면 남녀차별이 없어진 거다.

양성평등을 주제로 쓴 3학년 아이의 글이다. 아이들은 종종 학교에서 성 역할과 관련된 글쓰기를 요구받는다. 3학년 아이에게는 버거운 주제다. 그렇지만 아이 나름대로 자신이 알고 있는 지식을 최대한 끄집어내 쓴 것을 볼 수 있다. 남녀차별의 사례를 자신의 주변에서만 찾았다는 점에서 미흡한 구석이 많은 글이다. 하지만 작은따옴표를 적절하게 사용한 점이나, 양성평등이라는 다소 무거운 주제의 글을 써보고자 했다는 사실만으로도 가치가 있는 글이다.

개구리는 변화를 한다. 알에서 아가미가 있는 올챙이, 허파가 있는 올챙이, 돌기가 나고 뒷다리가 나고 앞다리가 나면서 꼬리는 짧아지고 개구리가 된다. 개구리는 점프를 하는 다리와 물갈퀴가 특징이다. 하지만 천적이 많다. 천적은 뱀과 왜가리이다.

나는 청계산에 있는 개구리 논에 갔다 왔는데 그곳에는 코딱지 선생님이 계시다. 코딱지 선생님은 개구리와 올챙이를 보호하신다. 책을 읽고 알게 된 사실은 우무질이 알에 덮여있다는 것이다. 또 올챙이에게 아가미가 달렸다는 것도 알았다.

개구리는 봄에 짝짓기를 한다. 개구리 논에는 산개구리와 참개구리가 있다. 개구리는 양서류이다. 양서류는 땅과 물에서 사는 동물을 말한다. 개구리는 겨울잠을 잘 때 촉촉한 땅 속에서 잔다. 이유는 피부호흡을 하기 때문이다.

청계산에 있는 올챙이와 개구리를 보호해야겠다. 개구리도 생명이기 때문이다. 또 개구리도 자연이기 때문이다.

3학년 남자아이의 글로, '개구리'에 관한 책을 읽고 알게 된 것과 청계산 개구리 논에 가서 직접 본 것을 연결하여 글을 썼다. 처음에는 개구리를 소개하는 설명문처럼 쓰다가 이내 본 것을 지식과 연결해서 썼다. 물론 개구리 논에서의 체험을 이야기하다가 갑자기 선생님을 소개하거나, 직접 본 것과 책에서 알게 된 지식을 구분 짓지 않고 쓰는 등 글의 흐름이 부자연스럽지만, 지식과 경험을 연결하여 썼다는 점에서 훌륭하다.

아이들 성향에 따라 다르게 나타나기는 해도 대다수 아이들이 글을 쓸 때 그림을 곁들인다. 이러한 경향은 '초기 글쓰기 단계'에서 '과도기 단계'까지 지속된다. 글자만으로는 자신이 표현하고자 하는 의도를 모두 드러내기 어렵다고 생각해 그림이나 기호를 함께 쓰는 것이다. 이런 식으로 자신의 표현 의지를 나타내는 아이들이 많다.

또 겪은 일을 나열함으로써 내용이 좀 더 풍부해지지만, 주제와 내용이 맞지 않을 때가 많다. 스스로 쓰는 재미에 빠져 있어서이거나 글의 주제를 충분히 고민하지 않고 쓰기 때문이다. 주제에서 벗어난 내용으로 흘러도

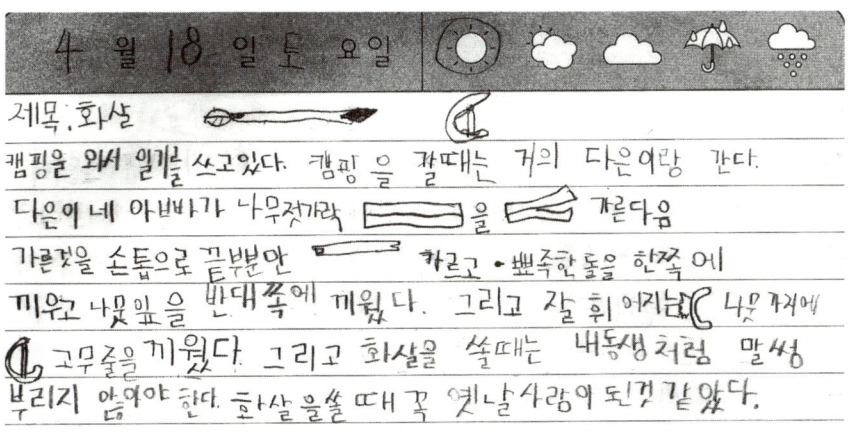

그림을 곁들인 글쓰기 예시 ▲

아이는 알아차리지 못한다. 한마디로 글 쓰는 목적이 뚜렷하지 않다 보니 주제에서 벗어난 일관성 없는 글을 쓰게 된다.

그 밖에 두드러지는 특징

- 글과 그림 기호를 섞어 표현한다. 때로는 자기들만의 은어를 사용하기도 한다.
- 아직은 어휘 수가 적은 편이다.
- 자신이 겪은 일을 주로 쓰다 보니 일기와 생활문처럼 개인적인 감정을 표현하는 글이 중심을 이룬다.
- 비문, 오문이 많다.
- 문단 구분이 없고, 문장 간의 연결도 부자연스럽다.

일반적으로 2학년에서 4학년 무렵의 아이들이 '지식이나 경험을 나열하여 쓰는 과도기 단계'의 특징을 보인다. 대다수 아이들은 큰 무리 없이 '과도기 단계'까지 이르지만, 다음 단계인 '독자와의 소통 단계'로 발전하기까지는 많은 시간이 걸린다. 더욱이 이 단계에서 더 이상 발전하지 못하고 꽤 오랫동안 제자리걸음하는 아이들도 많다.

그 이유는 글 쓰는 방법을 배우지 못해서이기도 하지만, 이 시기부터 아이들이 사교육으로 바빠지면서 글을 쓸 기회를 잃기 때문이다. 공교롭게도 독서의 빈부 차가 발생하는 시기와 맞물리며 글쓰기는 더욱 제자리걸음을 하게 된다.

글쓰기 능력을 키우기 위해서는 깊이 있게 생각한 후 이를 글로 풀어내고, 그 글을 다시 고치는 일을 반복해야 한다. 하지만 그럴 기회를 갖지 못하면, 글쓰기가 더 이상 발전하지 못한다. 따라서 2학년 이상의 자녀를 두었다면, 학업에만 치중할 것이 아니라 읽고 쓸 수 있는 시간도 풍부하게 주어야 한다.

읽는 이를 고려하여 쓴다

이제는 제법 성숙한 글을 쓸 줄 아는 단계다. 3, 4학년 아이들의 글에서 이러한 특징이 서서히 나타나지만, 일반적으로 고학년 아이들의 글에서 보인다. 이 단계에 이르면 좀 더 객관적인 시각으로 글을 읽거나 쓸 수 있다. 또한 글이란 필자의 입장뿐만 아니라 독자의 입장을 고려해서 써야 한다는 것을 명확하게 인식하고 있다. 그러다 보니 글을 쓸 때 읽는 사람이 잘 이해할 수 있도록 배려하는 글쓰기를 하게 된다.

한 편의 글에서 사용하는 어휘 수가 이전보다 증가하고, 구체적인 묘사나 설명을 곁들여 독자의 이해를 도우려 한다. 이전의 자기중심적 글쓰기로부터 서서히 벗어나 때로는 추상적인 주제일지라도 그에 맞는 내용을 척척 써낸다. 아직은 주제에 따른 근거가 턱없이 부족하지만, 끝까지 일관된 내용으로 이끌어 가는 힘이 있다.

3, 4학년 시기부터 이러한 특징을 보이는 이유는, 사회와 과학을 배워 배경지식이 많아지는데다 교과 과정에서 추상적 어휘가 많이 등장하기 때문

이다. 두뇌 역시 급격하게 성장하면서 상황을 예측하거나 논리적 사고에 의한 추론이 가능해진다. 이러한 특징이 글쓰기에서도 고스란히 나타난다.

> 엄마께서 사 오신 나물에서 민달팽이가 나왔다. 민달팽이는 정말 미끄러웠다. 민달팽이는 물 안에 있으면 더듬이가 쏙 들어가고, 물 밖에 있으면 더듬이가 나왔다. 민달팽이 등을 쓰다듬어 주니 열심히 걸어갔다.
>
> 언니와 함께 민달팽이 집을 만들어 주었다. 그릇에 흙과 상추를 넣어주었다. 갑자기 민달팽이를 보게 되니 민달팽이에 대해 궁금해서 인터넷을 찾아보았다.
>
> 민달팽이는 상추를 좋아하고 야행성이며, 수명은 1년이고 죽을 때는 스스로 녹아서 죽는다고 한다. 혼자서도 알을 낳기도 하지만 부화가 되지 않는다고 한다. 짝을 만들어 주어야 하나? 계속 키우고 싶지만 자연으로 돌려보내 주어야 할 것 같다. "우리 집으로 놀러온 민달팽이 나와 친구해 주어서 고마워."

이 글을 쓴 3학년 아이는 갑자기 맞이한 민달팽이에게 애정을 보이며 관찰을 시도했다. 여기서 멈추지 않고, 인터넷 검색으로 관련 지식까지 찾아보았다. 그리고 민달팽이에 관해 읽는 이의 이해를 돕기 위해 설명을 추가했다. 아직은 미숙하지만 이를 통해 3단계에 진입했다고 볼 수 있다. 이러한 과정의 글쓰기를 경험한 아이는 품을 들이고 수고스러운 과정을 거칠수록 글이 더 좋아진다는 것을 깨닫는다.

　누구나 막상 글을 쓰려고 하면 막막해진다. 그때 가장 보편적인 글쓰기 수법이 바로 자신의 경험을 쓰는 것이다. 텔레비전에서 본 일, 직접 체험한 일, 뜻밖에 목격한 일이나 들은 일은 아주 좋은 재료가 된다. 다음 글을 살펴보자.

> 오늘 뉴스에서 북한 군인들이 핵 표시가 그려진 가방을 앞으로 메고 행진하는 모습을 보았다. 그 가방도 일종의 무기라고 뉴스에서 설명했다. 핵 가방 속에는 딱딱한 핵폭탄이 들어 있는데 가방을 바닥에 놓고 버튼을 누르면 안에 있는 폭탄과 핵 가방이 함께 터지면서 주변 1km 안팎까지 피해를 입히는 무서운 신무기이다.
>
> 핵 가방은 비록 가짜지만 무서운 핵 가방을 메고 행진한 것은 앞으로도 이런 무기들을 발전시키고 무기를 이용해 무언가를 하겠다는 것 같아서 무섭다. 그리고 북한이 이렇게 무기 개발에 힘쓰고 있는 것은 우리 때문이라고 한다. 북한은 힘으로써 공산주의국가 대한민국을 만들려고 한다. 왜 그래야 할까? 통일은 무력 없이도 해결할 수 있다. 그리고 상위층(대통령, 장군)이 싸우면 고통 받을 사람은 그들이 아닌 국민들이다. 무기 개발을 멈추고 말로 통일을 이루어 자유롭게 살아가고 싶다.

　4학년 아이의 글이다. 뉴스에서 본 북한 소식에 전쟁을 반대하는 자기 생

각을 버무려서 일관된 주제로 글을 완성했다. 읽는 이를 생각해서 핵 가방
과 핵폭탄의 위험을 자세히 설명했다. 자신의 주장을 곁들인 글을 작성하
는 데는 시간이 많이 소요된다는 점을 알아두자. 또 아이가 다소 무거운 주
제로 글을 썼다고 하여 모든 면에서 진지한 것은 아니라는 점도 유의해야
한다. 대신 사회 현상에 대한 호기심과 궁금증이 많아지는 시기인 만큼, 우
리 사회에서 일어나는 각종 현상들에 대해 친절하게 이야기해 줄 필요가
있다. 우리 사회를 이해하는 것은 자기 이해의 바탕이며, 삶의 가치를 아는
일이기 때문이다.

'갈등葛藤'은 교과서에 나온 말로 국어 시간에 친숙해진 단어이다. 갈등은
칡 '갈', 등나무 '등'을 쓴다. 칡과 등나무를 함께 심어 놓으면 둘의 자라는
방향이 엇갈리면서 뿌리도 엇갈려 서로 공생하지 못하며, 둘 다 넝쿨식물
이라 함께 공존하지 못한다고 한다. 두 종 모두 다른 식물의 숨통을 조이
며 넝쿨을 만들기 때문에 두 식물의 성질을 따서 '갈등'이라는 말이 생겨
났다고 한다.
또한 갈등을 나타내는 conflict의 어원을 보면 con은 '함께(together)'라는
뜻이고 flict는 '치다(strike)'는 뜻이므로 '함께 치다', '맞부딪치다'는 뜻을
가지고 있다.
나는 '오해'와 '갈등'을 헷갈려했었는데 갈등은 서로의 의견충돌의 뜻을 가
진 반면 오해는 그릇되게 해석한다는 뜻이므로 두 개의 단어가 다른 뜻임
을 확실히 알게 되었다.

국어 시간에 습득한 단어를 글감으로 떠올렸다. 학교에서 배운 지식을 글쓰기 소재로 삼은 경우로, 배운 내용을 그대로 쓴 것이 아니라 조금 더 조사해 보아 새롭게 알게 된 내용을 추가했다. 주제와 관련된 실제의 경험을 넣었다면 보다 좋았겠지만, 아직은 거기까지 미치지 못했다. 그래도 '독자와의 소통 단계' 안에서도 꽤 발전된 형태의 글이다. 중심 내용을 나누어 쓰기 위해 문단을 갈랐다는 점도 이 단계 글쓰기의 특징이다.

아이들은 국어 교과에서 배우는 글의 종류나 쓰기 기술을 응용할 수 있어야 한다. 또 이 단계부터는 추상적 사고의 글이 많아지는데, 이는 고학년의 특성에 해당하기 때문이다. 읽는 이를 고려한 독자와의 소통 단계는 적어도 4학년 이상의 고학년이라면 습득해야 한다.

그 밖에 두드러지는 특징

- 추상적인 주제가 많아진다.
- 추상어를 많이 쓰고 어휘력 상승이 엿보인다.
- 읽는 이에게 개인적인 이야기를 털어놓는 경향이 있다. 예를 들어 담임선생님이 보는 일기장에 개인적인 소통의 흔적을 남긴다.
- 국어 교과에서 배우는 글의 종류나 쓰기 기술을 적용한다.

이 과정에 도달하기 위해서는 전 단계에서의 경험 축적이 중요하다. 과도기 단계에서 풍부한 글쓰기 경험과 글 고치기 과정을 거쳐야만 가능한 일이다. 이때 부모가 옆에서 도와주면 더욱 빠르게 성장한다. 그런데 문제는 글쓰기 발달의 기준을 어디에 둬야 하는지 어려워하는 부모들이 많다는 것이다.

실제로 잘 쓴 글의 기준은 사람마다 다르다. 표현법에 중점을 두는 사람도 있고, 문장력이나 내용의 풍부함에 기준을 두는 사람도 있다. 그래서 좋고 나쁜 글을 딱 구분 짓기 어렵다. 다만 아이들의 글을 지도할 때는 아이의 학년 수준에 준하는 것이 가장 이상적이다. 아이가 교과목에서 배운 쓰기 기술을 잘 활용하는지, 발달 단계에 맞는 글을 쓰고 있는지, 그 나이 대에 맞는 고민이나 생각이 묻어나는지를 살펴보는 것이다.

부모와 아이가 많은 대화를 나누고, 그 대화를 글쓰기로 연결시키는 것만큼 좋은 지도법은 없다. 이 단계의 아이들은 대부분 사춘기에 진입했거나 한창 겪고 있을 가능성이 많다. 그만큼 대인 관계가 아이의 성장에 많은 영향을 미치며, 친구가 글쓰기의 주요 소재로 등장한다. 또한 자기가 속한 사회에 대해 알아가는 시기이므로, 관심 영역도 자기 외에 타인과 사회로 넓어진다.

4단계 : 주제 글쓰기 단계
주제에 맞게 글을 쓴다

자신의 지식이나 경험을 글의 주제와 관련하여 일관되게 쓸 수 있는 단계다.

일반적으로 '독자와의 소통 단계'와 같이 초등학교 고학년에서 중학생에 이르는 아이들이 이에 속한다. 다른 점이 있다면, 이 단계의 아이들은 이미 다양한 글의 종류와 특징을 배운 만큼 자신의 글을 자발적으로 평가하여 수정하기도 하고, 주제에 대한 이해를 바탕으로 자료 준비를 더 많이 한다는 것이다.

또한 주제와 관련된 제재를 찾아내고, 이를 어떤 식으로 전개하면 좋을지 스스로 글의 형식까지 선택할 줄 안다. 이를테면 설명문을 쓸 때 비교나 대조 및 원인-결과 구조와 같이 글의 방식을 미리 염두에 두고 쓴다는 말이다.

6학년 국어 교과에서 나오는 '자기 관점이 드러나는 글쓰기'는 이 단계에서 도달해야 하는 쓰기 목표 가운데 하나다. 관점은 일종의 의견으로, 어떤 대상이나 현상을 바라보는 시각을 말한다. 관점은 살면서 쌓은 지식과 환경에 영향을 받기 때문에 사람마다 다르게 형성된다. 따라서 다양한 경험과 지식이 어느 정도 축적되어야만 비로소 자기 관점이 드러나는 글쓰기를 할 수 있게 된다.

이러한 관점뿐만 아니라 자신의 주장을 뒷받침할 수 있는 근거를 찾을 수 있어야 좋은 글이 된다. 이 단계 아이들은 자기 관점을 피력할 정도의 사고력을 가지고 있어 충분히 좋은 글을 쓸 수가 있다.

이 시기에는 설명문과 논설문 형식의 글쓰기가 많아지면서 자신의 주장이나 설명을 강조하려는 경향을 보인다. 독서감상문을 쓰면서도 독자의 이해를 돕거나 설득하기 위해 부연 설명을 곁들이곤 한다.

대다수 사람들은 청소년 문화에 대해 부정적인 면만 떠올린다. 특히 따돌림 문제를 떠올린다. 하지만 학교 폭력이 청소년들만의 문제가 아니라는 것을 말해보고 싶다.

가장 큰 문제는 '찐따'로, 이는 군중심리 때문에 생긴 것이다. 한 사람이 다른 사람을 따돌렸을 때는 너무나도 큰 자책감이 들 것이다. 하지만 여러 사람이 같이 따돌린다면 죄책감이 줄어들 것이다. "쟤도 했는데 뭐" 이러면서 말이다. 이를 지켜보는 선생님의 태도 또한 문제이다. 선생님들은 학교 폭력이 우리 학교에서 일어나지 않았으면 한다. 그래서 설문조사를 할 때는 "이런 일이 없겠지?"하고 덮어버리기 일쑤다.

'학교의 눈물'이라는 텔레비전 프로그램에서 한 학생이 교사에게 학교 폭력을 당한 일을 털어 놓자 선생님은 "네가 잘못하지 않았니?"하며 학교 폭력 가해자의 편을 들어주었다. 선생님은 학교 폭력이 자신의 반에서 일어나는 것을 꺼려하기 때문이다.

사람들은 청소년을 나쁜 시선으로만 보는데 이는 청소년들만의 문제가 아니다. 아무리 정부에서 학교 폭력을 예방하자고 하지만 실제로는 잘 시행되지 않고 효과를 보지 못하는 것 같다. 청소년들의 건전한 문화를 위해서 세부적인 곳까지 확인하고 선생님들의 태도도 바뀌어야 한다.

중학교 입학을 앞둔 6학년 아이의 글이다. 이 아이는 곧 청소년이 될 자신을 생각하며 '청소년과 학교 폭력'에 관한 사람들의 인식을 자기 생각과 비교해 놓았다. 정부와 선생님에게 당부도 잊지 않는 등 자기가 하고 싶은 말을 명확하게 드러냈다. 사전이나 교과서에서 찾은 지식을 자기의 생각과 자연스럽게 버무리지는 못했지만, 끝까지 주제 의식을 잃지 않은 점과 문단을 명확하게 나눈 점은 돋보인다. 글의 구조가 뚜렷하지 않은 점이 흠이라면 흠이다. 그럼에도 텔레비전에서 본 경험과 학교에서 시행했던 설문 조사 내용까지 곁들이며 주제와 관련한 다양한 제재를 잘 활용했다. 그러다 보니 이전 단계의 글보다 내용이 풍부해지고, 자기 생각이 좀 더 잘 드러난 글이 되었다.

20세기 프랑스에 '루이 에드슨 워터맨'이라는 사람이 있었다. 보험회사 직원으로 일하던 그는 어느 날 고액 계약 체결을 하게 되었고, 서명을 하기 위해 펜을 꺼내들었다. 그러나 만년필에서 잉크가 떨어져 그 손님은 불길한 징조라며 계약을 취소했다. 에드슨은 분한 나머지 잉크가 세지 않는 만년필을 만드는데 착수하게 되고 끝내 만년필의 아버지가 되었다. 이 사람은 위기를 기회로 삼은 사람이다.

나는 이처럼 어려움을 딛고 일어나 성공한 사람을 위인이라 생각한다. 다른 사람이 그의 삶의 태도 및 생각을 본받거나 자극을 받아 최선을 다해 살 수 있기 때문이다. 특히 어려움에 처한 사람이 에드슨 이야기를 들으면 희망을 가지고 해결책을 찾을 수 있기 때문이다.

나다니엘 호손의 〈큰 바위 얼굴〉에서 마을 사람들이 생각하는 위인이란 그 마을의 전설 속에 있는 큰 바위 얼굴을 닮은 사람이다. 사람들은 결국 지혜롭고 자비심과 사랑을 가진 어니스트가 큰 바위 얼굴과 닮았다는 결론을 내린다.

위인에 대해 가지는 기준이 어떻든 누구나 마음속에 본받을 위인을 한 명씩 정해 놓으면 좋다. 본받으려는 위인이 있으면 자극을 받아 어려움에 처했을 때 그 상황을 버틸 힘과 용기를 얻을 수 있기 때문이다. 그리고 항상 자신의 삶을 채찍질해 바른 길로 갈 수 있기 때문이다.

나다니엘 호손의 단편 소설 『큰 바위 얼굴』을 읽은 뒤 위인에 대한 자기 견해를 쓴 6학년 아이의 글이다. 사실 아이들에게 위인은 소위 위인전에 나오는 위대한 인물이거나 존경해야 마땅한 사람, 혹은 이미 죽은 사람이라는 인식이 강하다. 너무 오래된 과거의 이야기라는 편견이 강한 아이들에게 인생의 멘토를 만들어 주고자, 아이들과 『큰 바위 얼굴』을 읽으면서 위인에 대해 이야기를 나눈 뒤 글을 쓰게 하였다. 그러자 이 아이는 자신이 평소 좋아하던 인물인 '에드슨 워터맨'을 떠올린 것이다.

글쓰기를 하기 전에 이야기를 나누는 것은 아이들의 생각에 커다란 도움이 된다. 이야기를 충분히 나눈 뒤 어떻게 쓸 것인지 물어보아도 좋다. 평소에 관심이 없었거나 잘 모르는 주제일수록 이에 관련된 책을 읽고 이야기를 하다 보면 생각이 풍부해지고, 자기만의 관점을 갖게 된다. 글쓰기를 할 때도 아이의 생각이 잘 드러난다. 아이가 글을 쓸 때 부모는 아이가 알고 있는 지식을 관련 주제와 잘 연결시키는지 살펴봐야 한다. 또 적절한 질문을 통해 아이가 적극적으로 이야기를 펼칠 수 있도록 도와야 하며 주제에서 벗어나지 않도록 중심을 잘 잡아 줘야 한다.

고학년이 되면 차츰 추상적이고 논리적인 사고를 세련되게 표현할 수 있다. 부모는 아이의 글쓰기에서 이러한 면모가 잘 드러나는지 살펴봐야 한다. 이 단계의 아이들은 독자의 눈이 까다롭다는 것을 알고 있다. 또 자신의 글을 여러 번 고칠수록 좋은 글이 된다는 사실도 알고 있다. 그러니 수고스럽더라도 글 고치는 습관이 몸에 배도록 지도해야 한다.

양서 읽기는 글쓰기 발달을 촉진한다. 따라서 아이의 독서 습관을 점검해 봐야 한다. 글을 쓸 때는 신문이나 사전, 잡지 등 다양한 읽기 자료를 참고하여 쓸 수 있도록 지도하되, 남의 글이나 자료를 그대로 베껴서는 안 된다는 윤리적 글쓰기의 태도도 길러 주어야 한다.

3-2.

절대 하지 말아야 할 일
VS 해야 할 일

많은 부모들이 글쓰기 지도에 부담을 느낀다. 부모에게도 글쓰기는 두려움의 대상이기 때문이다. 하지만 사실 이 책에서 강조하는 몇 가지 원칙과 방법만 기억한다면, 누구나 쉽게 글쓰기를 지도할 수 있다. 여기에서는 부모들이 가장 많이 실수하는 부분들을 짚어 보고자 한다.

부모가 대신 써주기
VS 아이의 말을 부모가 받아 적기

　　　　　　전국 초등학교 1학년 아이들과 부모들을 가장 괴롭히는 것은 무엇일까? 아마 '일기 쓰기'일 것이다. 이제 막 '글쓰기'를 시작한 1학년 아이들에게 일기는 너무도 벅찬 과제다. 책 읽기를 시작한 지 얼마 되지 않아 읽기 이해력이 미숙할 뿐 아니라, 과제인 탓에 제멋대로 쓸 수도 없다. 당연히 아이에게 일기 쓰기는 어렵기만 하다.

　문제는 아이보다 엄마가 더 겁을 먹는다는 사실이다. "아이가 일기를 쓸 때 내용을 불러 준 적이 있나요?" 하고 물었을 때, 아니라고 자신 있게 대답할 부모는 그리 많지 않을 것이다. 그만큼 일기는 부모에게 높은 비중을 차지하는 과제다. 일기에 쓸 내용을 불러 준 이유는 저마다 다르다. "아이가 한글을 늦게 깨치는 바람에 글자 쓰기를 힘겨워해서", "밤이 늦었는데 일기는 써야 하고 아이는 졸려 하니 어쩔 수 없이", "매일 써야 하는데 쓸거리가 없다고 칭얼대니 할 수 없이", "아이가 글 쓰는 걸 너무 싫어해서" 등등이다.

아이의 글쓰기 지도에서 가장 중점에 두어야 하는 것은 잘 쓰게 하는 일보다 쓰기를 통한 성취감을 높이는 일이다. 처음 글쓰기를 경험하는 아이의 성취감은 부모의 인정으로부터 생긴다. 그런데 부모가 불러 주는 대로 글을 쓰다 보면, 점점 자신감이 떨어져 글쓰기에 흥미를 느낄 기회조차 잃게 된다. 결국 부모 세대가 가지고 있는 글쓰기 공포를 대물림하고 만다.

만약 아이가 쓰기를 너무 싫어하거나 글자를 쓰는 속도가 아주 더디다면, 불러 주는 것이 아니라 반대로 아이가 하는 말을 부모가 받아 적는 방법을 권하고 싶다. 아이들은 글쓰기보다 말하는 것을 상대적으로 덜 부담스러워하기 때문에 생각이 보다 자유로워지고 회상도 쉬워진다. 아이가 불러 주는 대로 받아쓴 뒤에는 반드시 읽어 주고, "네가 한 말이 글이 되었네." 하면서 아이의 노력을 격려해 주는 것이 좋다. 이는 아이에게 쉬운 글쓰기 접근법을 알려 주는 효과가 있다. 즉 자신이 하는 말을 다시 정리해서 글자로 옮기면 글이 된다는 사실을 자연스럽게 일깨워 줄 수 있다.

첨삭하기 VS 공감 댓글

아이들에게 채점을 맡겨 보면, 아이들의 심리가 고스란히 드러난다. 대부분 맞은 문제에는 커다랗게 동그라미를 그리고, 틀린 문제에는 아주 작게 작대기를 긋는다. 그 마음이 절로 이해가 되어 사랑스러운 마음까지 들곤 한다.

아이들의 일기장과 독서록도 마찬가지다. 이를 살피다 보면, 종종 띄어쓰기나 맞춤법이 잘못된 부분에는 어김없이 색깔 펜으로 정정 표시가 되어 있다. 다음 글쓰기에서는 실수하지 말라는 교사의 친절과 하나라도 더 가르치고 싶은 사명감이 고스란히 전해진다. 문제는 이러한 교사의 마음이 아이들에게는 상처로 남는다는 사실이다. 색깔 펜으로 쫙 그어진 시험지, 생각만 해도 아물었던 상처가 다시 벌어질 것만 같은 기분이다. 누가 봐도 틀렸음을 알리는 그 강렬한 표시는 공책을 다시는 쳐다보기 싫게 만든다. 실제로 아이들은 틀린 것을 지적당한 일기장이나 독서록을 절대 펼쳐 보지 않는다. 첨삭은 아무런 효과도 기대할 수 없는 비효율적인 지도 방법인 것이다.

교사 첨삭 예시 ▲

맞춤법과 띄어쓰기를 자주 지적받은 아이는 글을 쓸 때 자신 없는 글자는 쓰지 않게 된다. 그러면 다양한 어휘를 활용해 보지 못하는 까닭에 어휘력을 향상시킬 수 있는 기회를 놓치게 된다. 또한 글의 내용에 집중하지 못하고 자꾸만 맞춤법이나 문단 내려 쓰기 등 형식적인 부분에 신경을 쓰게 된다. 글쓰기의 재미를 느끼기는커녕 제대로 실력을 쌓지도 못하는 것이다.

3학년 때부터 영제교육을 받았고 교육청에서 하는 영제원에서 공부를 해왔는데, 중학생이 된 지금은 전혀 공부를 하지 않으려고 해서 상담하러 왔어요. 안 계셔서 연락처 남기고 갑니다.

센터에 남겨진 한 학부모의 메모다. '영재'를 '영제'로 썼다. 헷갈리는 낱말 중의 하나로, 어른들 역시 한글 맞춤법을 어려워하고 종종 틀리곤 한다.

글자가 틀려도 의미를 파악하는 데는 지장이 없다. 일일이 지적하고 가르치지 않아도, 맞춤법이나 띄어쓰기 오류는 독서와 글쓰기 경험을 통해 자연스럽게 배울 수 있다. 또 글을 쓴 뒤에 글 고치는 습관을 들이면 틀린 부분은 고치고, 부족한 부분은 보태어 쓰는 힘이 생긴다. 남의 시선을 의식하지 말고, 글의 내용에 관심을 기울여 주자.

자신의 글에 공감해 주는 어른이 곁에 있다면, 아이는 글쓰기가 재미있어서 자꾸만 쓰고 싶어질 것이다. 글에 담긴 아이의 마음을 읽어 주는 일만큼 중요한 일은 없다.

느낌이나 소감을 반드시 써라
VS 학년에 따라 다르다

"이게 다야? 넌 생각이 없니?" "네 느낌 좀 써 봐."
아이의 글을 보고 부모들이 흔히 하는 말이다.

> 아빠, 엄마, 동생과 함께 남산에 올라갔다. 길이 가파라서 올라가기 힘들었
> 지만 높은 곳에서 경치를 감상하고 싶어서 힘든 것을 참고 올라갔다. 꼭대
> 기에 올라왔을 때 공기도 좋고 경치도 좋았다. 다음에 또 올라가면 좋겠다.

1학년 아이의 글이다. 가족과 남산에 올라간 일을 썼다. 오르기 힘든 곳
을 참고 올라서 스스로 대견해하는 마음과 오르기 전후의 심리가 눈에 띄
는 글이다.

토요일에 우리는 주말농장에 갔다. 다른 데서는 떡만 주었는데 여기는 국과 밥, 고기, 떡을 주었다. 단짝 서윤이를 만났다. 염소가 있었는데 그 전에는 닭이 있었다고 서윤이가 말했다. 염소에게 풀도 주었다. 재미있었다.

주말농장의 텃밭을 분양받던 날에 쓴 일기다. 저학년 글의 특징대로 자신의 생각이나 소감보다는 겪은 일들이 나열되어 있다.

두 아이의 글처럼 "또 해보고 싶다."라든가 "참 즐거운 하루였다." 혹은 "재미있었다."로 마무리해도 전혀 문제가 되지 않는다. 저학년의 글은 이런 식이어도 괜찮다. 그러나 독서량이 보다 풍부하고 경험이 좀 더 쌓인 고학년의 글이라면 사정은 달라진다.

'미친개'는 모두의 표적이다. 하지만 미친개는 악과 근성으로 버티고 살아남았다. 자살률이 1위인 우리나라는 세상을 포기하는 사람이 많다. 나는 누구라도 필요 없는 사람은 없다고 생각한다. (…중략…) 무슨 일이 있어도 줄을 놓지 않는다면 미래는 행복할 것이다. 누구나 낭떠러지도 있고 오르막길도 있다. 운동 선수들도 슬럼프가 오면 고통스러워하듯이 아무리 위대하다고 해도 고통의 순간은 있다. (…중략…) 끈기란 넘어져도 다시 일어나는 것이다.

박기범 작가가 쓴 『미친개』를 읽은 뒤 6학년 아이가 쓴 독서감상문이다. 글이 길어서 중간에 생략했으나, 아이의 글에는 이야기의 줄거리가 보이지 않는다. 그보다 주인공 미친개가 세상과의 싸움 끝에 승리한 이야기를 통해 '끈기'라는 주제를 떠올렸고, 이에 집중하여 자신의 생각을 풀어냈다. 그리고 세상을 살아가면서 고통의 순간이 온다 해도 다시 일어나야 한다는 자신의 철학을 담았다. 물론 책의 내용을 모르는 사람에게는 불친절한 글로 여겨질 수 있다. 보통 독서감상문이라고 하면 줄거리를 채우기에 바쁜 저학년과 달리, 고학년이 되면 이처럼 자신의 생각을 풀어내는 데 더 집중한다.

저학년의 글과 고학년의 글은 확실히 다르다. 일반화시킬 수는 없지만, 고학년이 되면 그동안 쌓은 경험과 독서량, 지식이 바탕이 되어 글에서 뛰어난 사고력이 엿보이곤 한다. 그래서 고학년의 글에는 개인의 생각이 많이 드러난다. 강요하지 않아도 아이들은 학년이 올라갈수록 감상이나 느낀 점을 글에 담는다. 소감이나 느낌은 경험의 축적에 비례하는 것이다. 과거의 지식과 새로운 지식이 결합하면서 의미를 재생산하듯이, 느낌이나 감상도 마찬가지다. 경험이 적은 아이들은 무엇을 봐도 소감이 짧지만 성인들은 소감이 긴 이유다. 그러므로 아이들에게 소감이나 느낌을 강요하기보다는 자세히 쓰기를 지도하는 편이 낫다.

+ 4장 +

글쓰기의 첫인상이 결정되는
1학년

· 일기 쓰기 정복 ·

1학년 적기글쓰기

서툰 것이
당연한 나이

아이들이 1학년이 되면 엄마들에게는 최대 위기가 찾아온다. 아이가 학교생활을
잘해 낼 수 있을지, 공부는 잘 따라 갈 수 있을지 걱정이 태산이다. 여기에 최대 난
제인 일기마저. 답답하고 불안한 마음에 아이를 다그치게 된다. 1학년, 평가는 조
금 미뤄도 좋은 시기다.

자기중심적인 아이들,
"나는 오늘 ~ 재미있는 하루였다"

초등학생이 된 아이들에게 닥친 가장 큰 난제는 유치원 때와 달리 여러 규칙들을 준수해야 하는 일이다. 수업 시간에 얌전히 앉아 있어야 하고, 복도에서 뛰어서는 안 되며, 시간에 맞춰 등교해야 하는 등 익혀야 할 생소한 규칙들이 너무나 많다.

처음 시작된 학교생활에 짜증이나 복통을 일으키는 아이가 있는가 하면, 잦은 소변이나 설사 증상을 호소하는 아이도 있다. 스트레스가 원인인 새학기 증후군을 겪는 것이다. 강도의 차이가 있을 뿐 이 시기의 아이들이라면 누구나 겪는 현상이다. 그러니 1학년 때는 아이의 말과 행동에 각별한 관심을 기울여야 한다. 아이가 학교생활에는 잘 적응할지, 공부는 잘할 수 있을지 걱정이 많겠지만, 먼저 아이의 말에 공감해 주고 평가는 조금 미뤄 두자.

초등학교 한 학급의 학생 수는 보통 30명 안팎이다. 예전에 비해 수가 많이 줄었지만, 교실은 생각보다 조용하지 않다. 스스로 주의를 기울이지 않으면 수업은커녕 알림장 내용도 놓치기 일쑤다. 모둠을 이루어 진행되는 협력 학습도 있지만, 여전히 선생님의 말을 일방적으로 받아들여야 하는 수업의 비중이 높다. 그런데 이 시기의 아이들은 자기중심적이라서 남의 이야기를 듣기보다는 자기 이야기에 더 집중한다. 나를 중심으로 세상이 돌아간다는 생각에서 아직 벗어나지 못한 탓에, 내가 겪은 일이 제일 중요하며 나의 이야기가 우선이다. 이는 글쓰기에서도 고스란히 드러난다.

| 한없이 어설프고 엉뚱해도 괜찮은 시기 |

처음 글쓰기를 해보는 아이들은 글을 어떻게 시작해야 하는지 모른다. 더구나 1학년은 자기중심적인 경향을 지니고 있기 때문에 가장 쉽게 떠오르는 말 '나는'으로 글쓰기를 시작한다.

> 나는 놀이터에서 놀았다. 미끄럼틀도 탔다. 친구도 만났다. 그네도 탔다. 달리기도 했다. 재미있었다.

놀이터에서 무엇을 했는지 있었던 일을 사실 그대로 쓴 글이다. 이 글처럼 1학년 아이들의 글쓰기는 대부분 '나는 오늘'로 시작하여 '재미있었다'로 끝이 난다. 전형적인 1학년 글쓰기의 특징이라 할 수 있다. 아이들은 오늘 일었던 일을 쓰는 게 일기라고 하니, '오늘'이라는 말을 넣는 것이다. '나는 오늘'이란 말에는 내가 오늘 한 일을 쓰고 있음을 드러내고 싶은 아이들의 심리가 담겨 있다.

나는 오늘 아침에 일어나 세수하고 양치질을 하고 밥을 먹고 학교에 갔다. 학교에서 4교시를 하고 급식을 먹고 학교 끝나고 태권도에 갔다가 피아노 학원에 갔다가 밥 먹고 누나랑 놀았다. 그리고 지금 저녁밥을 먹었다. 재미있었다.

더군다나 아이들이 공책을 들고 막막해하고 있을 때, 흔히 "오늘 있었던 일을 써봐." 하고 지도하기 때문에, 이렇듯 하루 일과가 쭉 나열된 글들을 자주 보게 된다.

이런 글을 본 부모나 교사는 대개 "네가 쓰는 글이니까 '나는'을 빼고, 오늘 있었던 일을 쓰는 거니까 '오늘'을 빼고 써봐."라든가 "하루 종일 있었던 일을 다 쓰지 말고, 가장 기억에 남는 일 한 가지만 써봐."라고 말한다. 하지만 머릿속에 맴도는 생각을 글로 표현하기란 쉽지 않다. 이때 아이의 기분은 어떠할까? 엄마의 말을 듣고 있으면 글 쓰는 게 별로 어려울 것 같지 않다. 하지만 막상 연필을 들고 책상에 앉으면 여러 가지 걸리는 게 참 많다. '나는'을 빼고 쓰려니 무슨 말로 시작해야 할지 망설여지고, '오늘'을 빼려니 오늘 있었던 일이라는 걸 어떻게 표현해야 할지 막막하다. 더군다나 가장 기억에 남는 일 한 가지만 쓰라고 하는데, 딱히 기억에 남는 일이 없다.

그런 아이를 보고 있노라면, 오늘 있었던 일 중에서 가장 기억나는 일을 쓰면 되는데 왜 손도 대지 못하는 것인지, 부모의 마음은 답답하다. 그러나 절대 조급해하며 지적해서는 안 된다. 글쓰기가 부담스럽지 않아야 아이는 힘을 내서 자신의 생각을 문장으로 만들어 낸다. 아이가 쓴 '나는 오늘'을 자연스럽게 받아들이자. 오래가야 6개월이다. 서서히 없어질 때까지 그대로 두어도 아무 탈 없다.

그 외에도 아이들은 '누가 그랬냐면, 무엇이냐면, 왜 그랬냐면'이란 말을 습관적으로 사용한다. 우리는 종종 말을 할 때 "누가 그랬는지 알아?"라든가 "왜 그랬냐면"이라는 말로 자신의 상황을 정확하게 설명하려고 한다. 말할 때와 마찬가지로 아이들은 글을 쓸 때도 재차 설명하려 든다.

할아버지가 착한 일을 해서 복을 받고 고양이와 개가 왜 싸우게 되었는지를 말해주는 책이다. 이 책은 아주 재미있다. 그런데 한 가지 이상한 점이 있다. 강아지는 고양이가 수영을 못해서 도와주었는데 할아버지가 고양이를 더 좋아한다는 것이다. 그게 제일로 이상했던 점이다. 그리고 또 할아버지가 왜 복을 받았냐면 고양이와 개와 잉어를 살려 주었기 때문이다. 나도 구슬을 가지고 싶다. 잉어가 할아버지한테 선물한 소원을 들어주는 구슬 말이다. 왜냐하면 소원을 들어주기 때문이다. 무슨 소원을 빌고 싶냐면 우리 집이 부자 되는 것과 나와 언니가 공부를 잘했으면 좋겠고, 강아지를 키우고 싶은 게 소원이다.

『개와 고양이』라는 옛이야기를 읽고 쓴 글이다. 이 글을 쓴 아이는 평소 말이 많은 편인데, 그래서인지 글도 길게 쓴다. 생각만큼 표현이 되지는 않았지만, 나름대로 설명을 하고자 최선을 다한 글이다. 이 글에서 볼 수 있듯 "왜 복을 받았냐면"이나 "무슨 소원을 빌고 싶냐면"은 모두 평소의 말 습관이 그대로 글에 표현된 것이다. 문장 구조상 맞지도 않고 불필요한 표현이지만, 내용 전달에는 문제가 없다. 이 역시 차차 사라지는 표현이니 걱정하지 않아도 된다.

1학년 아이들은 글의 순서와 상관없이 하고 싶은 말을 먼저 하거나 강조하고 싶은 내용을 반복해서 나열하는 특징이 있다. 아이가 학교에서 돌아오자마자 "엄마, ○○가 떨어졌어." 하고 다급하게 말한다. 대체 언제, 왜, 어디서 떨어졌다는 건지, 그래서 어떻게 되었다는 건지 알 수가 없다. "천천히 말해 봐. 왜, 어디서, 어떻게 됐는데?" 하고 되묻게 된다.

아이는 사건의 전말을 순서대로 설명하는 것이 아니라, 자기 관심사를 먼저 말한 뒤에 강조하고 싶은 말을 반복한다. 정작 중요한 말은 한참 뒤에 하거나, 그때 자기가 무엇을 하고 있었는지만 말하기도 한다. 자기중심적인데다 하고 싶은 말을 먼저 하는 특징은 글쓰기에도 그대로 나타난다. 깊이 생각하고 쓰는 게 아니기 때문에 글의 구성이 자연스럽지 못하고 어설프다. 더군다나 내용에만 치우쳐 글을 쓰는 탓에 문장의 종결어미가 '~했다'였다가 '~했습니다, ~했지요'로 바뀌는 등 혼용되기 일쑤다.

나는 오늘 내 방을 청소했습니다. 나는 걸레로 방바닥을 닦았습니다. 그리고 컴퓨터도 닦았습니다. 방바닥을 닦을 때 기분이 상쾌했습니다. 책 정리를 잘했습니다. 교과서는 교과서끼리 놓았고 공부 책은 공부 책끼리 놓았더니 잘 찾을 수 있었다.

한없이 어설프고 엉뚱한 글이 바로 1학년 아이들의 글이다. 당연한 과정으로, 평생에 걸쳐 1학년 때만 볼 수 있는 보물이라고 생각하면 한결 마음이 놓일 것이다.

일기와 독서감상문은 아이들의 삶에 갑자기 들이닥친 쓰나미와도 같다. 아이뿐만 아니라 아이와 함께 1학년이 된 부모도 글쓰기 과제가 안겨 주는 고통을 고스란히 떠안는다. 글쓰기가 이렇게 어려운 활동인 줄은, 아이가 이렇게 어렵게 느낄 줄은 몰랐을 것이다. 평소 말하듯이 쓰면 될 것 같은데 자꾸만 어렵다고 하니 부모 입장에서도 미치고 환장할 일이다. 부모 역시 겁이 나긴 마찬가지다. 어휘력이나 문장력은 아이의 독서 경험으로부터 나오는 것이므로, 글쓰기를 너무 어려워한다면 책 읽기에 시간을 더 투자해 보자. 책을 읽는 동안 문장 안에서 낱말의 배열을 배우고 표현 기법을 익힐 수 있다.

잘 쓰기보다
모국어 연습이 필요할 때

1학년 아이들은 국어 시간에 자음과 모음의 활용, 맞춤법과 띄어쓰기를 배운다. 1학년 국어 교과의 목표는 한글을 정확하게 읽고 쓰는 것이다. 자음과 모음을 정확하게 쓰고, 받침이 있는 글자와 없는 글자를 구분해서 쓰는 활동이 교과의 상당 분량을 차지한다. 낱말을 바르게 쓸 줄 알아야 문장을 만들 수 있고, 문장을 바르게 배열할 줄 알아야 글쓰기가 가능하다. 그래서 문자의 바른 사용법을 익히는 것은 쓰기의 바탕이 된다.

요즘에는 대부분의 아이들이 취학 전에 한글을 익히지만, 아직 미숙하다는 사실을 잊어서는 안 된다. 1학년은 문자 활용을 충분히 연습해야 하는 시기다.

| 정확한 표현보다 중요한 건 마음껏 자유롭게 표현하기 |

1학년 국어 시간에는 뜻을 제대로 전달할 수 있도록 바른 문장 쓰기를 배운다. 아울러 흉내 내는 말, 꾸며 주는 말을 활용한 글쓰기도 익힌다. 1학년 때는 알고 있는 어휘들을 가급적 많이 활용해 보고, 모르는 말도 이것저것 조합하여 표현해 봐야 한다. 이는 곧 글쓰기에 대한 자신감으로 이어진다. 아이의 표현이 다소 어색하고 적합하지 않더라도 칭찬하고 격려해 주자. 그래야 마음껏 신이 나서 문장 만들기를 연습할 수 있다.

엄마가 화나면 무지 무섭다.

-> 엄마가 화나면 뿔난 황소가 펄쩍펄쩍 뛰는 것처럼 무섭다.

이 문장들은 실제로 아이들의 일기에서 따온 표현이다. 틀린 문장은 아니지만, 위의 문장은 표현이 밋밋해서 읽는 재미가 없다. 아래의 문장을 쓴 아이는 뿔난 황소가 날뛰는 장면을 그림책이나 영상으로 본 듯하다. 그리고 화난 엄마를 보면서 그 이미지를 떠올렸을 것이다. 화난 엄마를 황소에 비유한 표현이 재미있다. 평소 맞춤법을 지나치게 지적 받던 아이는 '펄쩍펄쩍' 같은 흉내말 앞에서 고민하다가 쓰지 않는 경우가 생긴다. 문자 활용이 아직 미흡한 시기이므로, 정확한 문장이나 맞춤법보다는 마음껏 표현해 볼 수 있도록 내용에 집중해서 지도해야 한다.

> 오늘 오후, 딩동 벨이 울렸다. 이층 침대가 온 것이었다. 나와 언니는 신이
>
> 나서 폴짝폴짝 뛰었다. 아저씨가 침대를 만들 때는 보는 것도 신기해서 나
>
> 는 눈이 동글해졌다. 침대를 만들어주신 아저씨가 너무 감사했다.

이 글을 쓴 아이는 이층 침대가 생겨서 신이 난 마음을 적절한 흉내말로 표현하여 글의 생동감을 살렸다. 밑줄 친 부분이 모두 삭제되었다면 마음이 잘 드러나지 않았을 것이다.

> 아빠 옷 주물주물, 걸레 쫘아악. 우와 빨래 끝. 기분이 좋다. 걸레에 발 닦
>
> 고 거실을 반짝반짝하게 닦고 그리고 부엌도 반짝반짝 깨끗하게 닦았다.
>
> 우와 기분 상쾌하다. 동생도 같이 했다. 정말 상쾌하다.

엄마를 따라 빨래를 하게 된 아이가 그 과정을 '옷을 주물주물, 걸레를 쫘아악' 하며 생생하게 표현한 덕분에 고사리 손으로 빨래하는 아이의 모습이 선명하게 그려진다. 글쓰기를 할 때만이 아니라 평소에도 수식어나 흉내말을 써서 대화를 하면 어휘력이 풍부해진다. 아이가 적절한 흉내말과 비유를 쓸 때마다 넘치도록 칭찬해 주자. 신이 나서 더 다양한 수식어를 활용해 보려고 노력할 것이다. 그러는 사이에 아이는 표현력의 대가가 되어 간다.

| 1학년 엄마들에게 전하는 당부 |

1학년 부모는 걱정이 많다. 알림장을 잘 받아 적는지, 받아쓰기는 얼마나 연습을 해서 보내야 할지, 거기에 독서감상문 과제까지 있으면 눈앞이 캄캄해진다. 학부모를 위한 글쓰기 강좌라도 들어야 하는 건 아닌지 고민이 밀려든다.

가정에서 아이의 글쓰기를 지도할 때 가장 어려운 점이 무엇인지 종종 묻곤 한다. 그러면 하나같이 "맞춤법을 많이 틀려요."라든가 "생각이 없대요."라든가 "자기가 한 말도 잘 쓰지 못해요."라든가 "부모인 나도 글쓰기를 못하니 어떻게 지도해야 할지 모르겠어요."라고 대답한다.

같은 연령대의 자녀를 둔 부모의 심경이 모두 비슷하지 않을까 싶다. 아이가 쓴 글을 보면, 자연스럽게 글씨체와 맞춤법을 지적하게 된다. 아이가 힘들어하는 모습을 보면 안쓰러워서 '다음엔 지적하지 말고 격려해 주어야지.' 하고 마음먹지만, 아이의 공책을 보면 다잡은 마음이 금세 흔들린다. 아이의 글쓰기에서 '풍성한 내용', '또박또박 쓴 글씨', '정확한 맞춤법' 이 세 가지를 동시에 원하고 있기 때문이다. 하지만 이런 부모의 욕심은 아이한테 글쓰기에 대한 공포를 심어 주는 원인이 되고 만다.

글을 읽기 시작한 것은 고작 2년 남짓이고, 글씨 쓰기를 배운 지는 이제 겨우 1년 전후에 불과한 아이들이다. 읽고 쓰는 능력의 개인차가 크다고 해도, 일반적으로 1학년 아이들의 읽기와 쓰기 경력은 그다지 길지 않다. 이렇게 짧은 경력을 지닌 아이들이 정확한 맞춤법에 깨끗한 글씨체, 읽을거리가 풍성한 글을 쓸 수 있을까? 과욕은 금물이다.

자녀를 지도할 때 뚜렷한 목표를 세워 두면 쉽게 흔들리지 않는다. 이번 기회에 자녀의 글쓰기 목표를 명확하게 세워 보자. 글쓰기를 자주 하다 보면 글씨체가 잡히고, 책을 많이 읽다 보면 맞춤법을 자연스럽게 익힐 수 있다. 글쓰기를 이제 막 시작하는 아이들은 자신이 알고 있는 어휘를 활용해서 문장으로 만들어 내는 일에 집중해야 한다. 재료가 좋아야 맛있는 음식을 만들 수 있듯이 어휘가 풍성할수록 좋은 글을 쓸 수 있다. 어휘를 익히는 가장 쉽고 효율적인 방법이 바로 책 읽기다.

글쓰기가 즐거워지는
작은 요령

│ 지적은 금물! 잘한다, 잘한다! │

나는 엄마가 안 계실 때 아기를 돌봤다. 엄마가 외숙모네 집에 다녀오실
동안 나는 숙제를 하고 있었다. 시간이 조금 지나자 아기가 울었다. 내 동
생은 두 살이라서 자다가 깨서 엄마가 없으면 운다. 나는 숙제를 놔두고
아기를 돌봤다. 아기가 울다가 웃었다. 엄마가 오셔서 나는 칭찬을 받았다.
기분이 엄청 좋았다.

머리를 쓰다듬어 주면 기분이 좋아진다. 왜일까? 어릴 적에 어른들이 머
리를 쓰다듬으며 칭찬해 준 느낌이 기억에 남아 있기 때문이 아닐까? 칭찬
받은 경험이 무의식 속에 남아 어른이 되어서까지 알게 모르게 영향을 미

치는 것이라고 생각한다.

앞의 글은 쓸데없는 낱말의 남용, 어설픈 문장 배열, 잘못된 문장 구조로 가득하지만, 칭찬받아 빙그레 웃는 아이의 모습을 저절로 떠오르게 한다. 아마도 이 아이는 칭찬에 힘입어 앞으로 동생을 더 열심히 돌보게 될 것이다. 엄마의 칭찬이 동기 부여가 되는 것이다. 글쓰기도 마찬가지다. 처음 글쓰기를 경험하는 아이들에게 가장 훌륭한 동기 부여는 칭찬과 격려다.

> 나는 오늘 성윤이네 집에 갔다. 먼저 학교 끝나고 피아노학원에 간 다음 성윤이랑 둘이서 갔다. 가는 길에 생쥐 시체를 보았다. 밤에 돌아다니다가 담벼락 장미가시에 걸려 떨어져서 죽은 것 같았다. 죽은 생쥐는 엄마, 아빠도 못 만나고 죽었겠다. 불쌍하다.
>
> **엄마 댓글 :** 담벼락 장미 가시에 걸려 떨어진 것 같다는 표현을 했네?

이처럼 댓글을 달아 주어도 좋지만, 아직 아이는 어른의 글씨가 눈에 들어오지 않는다. 댓글보다 훨씬 효과가 좋은 것은 즉각적인 반응이다. 아이가 보는 앞에서 글을 읽었다면, 즉시 아낌없는 칭찬의 말과 환한 표정을 날려 주자. "우와, 이거 무진장 멋진데!"라든가 "이거 정말 네가 쓴 거야? 우와, 잘 쓰는데!"라든가 "우리 아들(딸) 최고다."와 같은 표현으로 아이의 자신감을 올려 주자.

이때 "와! 가시에 걸려서 떨어졌을 것 같다는 생각을 어떻게 했어? 엄마

아빠도 못 만나고 죽어서 불쌍하다는 생각까지 다 하고. 우리 ○○가 글을 정말 잘 쓰네."라고 구체적인 내용을 짚어 가며 칭찬해 주면, 아이는 어떤 부분이 잘 쓴 것인지 알 수 있다. 동기 부여와 함께 글쓰기 지도가 자연스럽게 이루어지는 것이다.

글쓰기를 처음 하는 아이일수록 폭풍 칭찬을 아끼지 말아야 한다. 자신이 쓴 글에 뿌듯함을 느끼고 계속 쓰고 싶도록 만드는 일은 부모와 교사에게 달려 있다.

처음 쓴 글에 대한 평가가 지적투성이라면 의기소침해져서 글쓰기에 대한 자신감이 떨어질 것이다. 반복해서 칭찬과 격려를 받은 아이가 글쓰기 흥미를 느낄 수 있다는 것쯤은 누구나 예상할 수 있다. 칭찬은 글쓰기 성취감을 높여 주는 가장 쉽고 효율적인 방법이다.

아이의 기질이나 성향에 따라 다소 차이는 있지만, 이 시기의 아이들은 외적 동기 부여가 아주 효과적이다. 아이가 쓴 글에 칭찬과 함께 적절한 보상이 뒤따르면 더욱 효과가 있다는 얘기다. 맛있는 간식을 만들어 주거나 아이가 원하는 책 한 권을 사주는 정도가 좋겠다. 용돈을 주거나 비싼 장난감을 선물하는 등 물질 지향적인 방법은 피해야 한다. 장기적으로 볼 때 물질적 보상은 점차 줄여 나가야 하므로, 분에 넘치는 보상은 처음부터 하지 않는 게 좋다.

| 표현하는 재미를 느끼게 하라 |

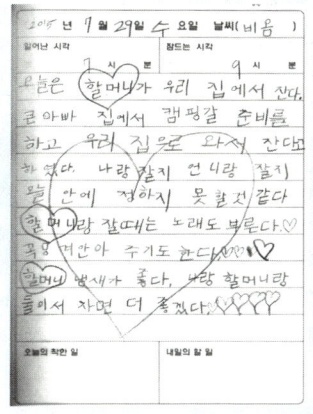

오늘은 할머니가 우리 집에서 잔다. 큰아빠 집에서 캠핑 갈 준비를 하고 우리 집으로 와서 잔다고 하였다. 나랑 잘지 언니랑 잘지 오늘 안에 정하지 못할 것 같다. 할머니랑 잘 때는 노래도 부른다. 꼭~ 껴 안아 주기도 한다. 할머니 냄새가 좋다. 나랑 할머니랑 둘이서 자면 더 좋겠다.

아이의 일기에서 "나랑 잘지 언니랑 잘지 오늘 안에 정하지 못할 것 같다."는 표현으로 아이의 기분이 얼마나 좋은지 알 수 있다. 할머니가 집에 와서 주무신다는 사실에 신이 난 아이는 그 마음을 하트로 그려 표현했다. 글을 쓴 공책 위에 붉은 색 하트를 커다랗게 그려 놓은 것이다. 그것만으로도 아이의 행복감이 그대로 전해진다.

유아기 때부터 아이들은 표현의 재미를 느낀다. "거실 벽이고 바닥이고 할 것 없이 집 안이 온통 낙서투성이예요."라면서 "네 살 아이에게 그릴 곳을 정해 주고 싶은데, 어떻게 해야 하나요?"라고 묻는 부모들이 종종 있다. 아이의 낙서는 유아기 자녀를 둔 부모들의 대표 고민 중 하나다. 3~4세 아이들은 색연필이나 크레파스와 같은 쓰기 도구를 쥐는 순간, 온 세상을 스케치북으로 만들어 버린다. 그런데 보통 '낙서'라고 여기는 아이들의 긁적거림은 '단순한 낙서' 이상의 것이다. 생후 1년이 지나면 아이들은 연필이나 크레파스 같은 쓰기 도구에 관심을 갖는다. 하지만 아직은 입으로 물고 빨면서 물건에 대한 호기심을 채우는 정도다.

만 2세 전후가 되면, 쓰기 도구를 손에 쥐고 긁적거리기 시작한다. 이때는 비슷한 형태의 선을 반복해서 그린다. 그러다가 서서히 자신의 이름 글자에 관심을 보이고 이름 글자와 유사한 선을 긋게 되는데, 김씨 성을 가진 아이는 'ㄱ' 자를, 박씨 성을 가진 아이는 'ㅂ' 자를 흉내 낸다.

색연필을 쥐고 얼마나 긁적거려 보았는지에 따라 쓰기에 대한 친숙도가 정해진다. 다시 말해 낙서 놀이를 많이 한 아이일수록 쓰기를 훨씬 자연스럽게 배운다는 것이다.

유아의 쓰기는 그림의 형태이거나 글자의 형태이거나 말과 몸짓을 대신하는 것으로, 자기표현의 의지를 엿보는 창구 역할을 한다. 아이들이 긁적인 흔적을 살펴보면, 단순한 문자에 그치지 않고 저마다 내용을 담고 있다. 예를 들면 어떤 여자아이는 아빠와 자신의 이름이라며 문자 형태를 흉내 내어 썼는데, 아빠는 남자고 크니까 파란 색연필로 크게 적고, 자기 이름은 분홍 색연필로 작게 표현했다. 그저 글자를 흉내 낸 것이 아니라, 사람을 생각하며 의미를 담은 것이다. 따라서 아이가 그림을 그리거나 무언가 긁적거리고 있다면, 부모는 아이의 말에 관심을 보여야 한다. 아이들은 그리거나 쓰면서 중얼중얼 이야기를 담아내는데, 이 이야기에 민감하게 반응을 해주면 그리기나 쓰기에 좀 더 적극적으로 임하게 된다. 자신을 인정해 주는 부모에게 더 많은 것을 보여 주고 싶기 때문이다.

초등학교에 입학한 아이는 본격적으로 표현의 기회를 갖게 된다. 하지만 자신의 생각을 글로 나타내기란 여간 어려운 게 아니다. 이때는 굳이 글자가 아니라 그림이나 다양한 기호들을 사용하도록 권함으로써 아이에게 표현하는 재미를 선사해야 한다. 글 사이사이에 하트나 스마일 등 자기만의 기분 표시를 해도 좋다. 또한 종이를 접어 붙이거나 사진이나 그림을 오려 붙여도 좋다. 글만으로 자신의 생각이나 하고 싶은 말을 나타내지 못하기 때문에 글과 그림(이미지)을 섞어서 표현하게 해보자.

자연 체험을 다녀온 아이는 도토리와 나뭇잎을 붙이게 하고, 눈 내리는 장면을 표현하고 싶어 하는 아이에게는 솜뭉치를 줄 수도 있다. 자기 마음을 때로는 색깔로, 때로는 문장으로, 때로는 짧은 시로 나타내도 좋다. 표현 도구를 다양하게 제공해 주면 덩달아 아이의 표현력도 늘어난다. 아이의 자유로운 표현은 자유로운 도구에서 나온다고 해도 과언이 아니다. 처음부터 칸이 구분되어 있는 일기장이나 독서기록장보다는 틀이 없는 공책으로 시작해 보는 것도 좋겠다. 칸 공책이나 줄 공책도 좋지만 백지나 스케치북에도 글을 써보게 하자. 자유로운 쓰기 공간만큼 생각도 자유로워진다.

일반적으로 아이들은 그림일기로 처음 일기 쓰기를 시작한다. 이것 역시 고정관념의 소산이다. 아이의 첫 일기는 그림이어도 좋고, 그림문자와 같은 기호여도 상관없다. 아이가 하고 싶은 말을 마음껏 표현할 수 있는 장으로서 다양한 도구를 제공해 주면, 아이의 표현력이 크게 신장되는 것을 확인할 수 있을 것이다.

엄마와 아이의 최대 고민,
일기 쓰기

나는 일기가 정말 싫다. 정말정말 쓰기가 싫어서 100년에 한 번 쓰고 싶다. 일기는 싫어, 일기는 싫어. 나는 일기를 쓰기 싫다. 일기가 고기였다면 구워먹었을 텐데.

일기 쓰기가 좋아서 신이 난다는 아이가 과연 있을지 모르겠지만, 위의 글을 쓴 아이처럼 일기 쓰기가 싫다고 노래 부르는 아이를 찾는 일은 어렵지 않다. 그만큼 많은 아이들이 일기 쓰기를 부담스러워하고 싫어한다.

그 원인은 "글씨가 엉망이구나. 맞춤법이 이게 뭐니? 네 생각도 써야지." 라고 지적하는 어른들에게 있다. 하지만 이게 전부는 아니다. 일기 공책의 틀, 일기를 쓰는 시각, 길게 쓰라는 요구가 일기 쓰기를 싫어하게 만드는 요인이다.

| 아이들이 일기 쓰기를 싫어할 수밖에 없는 이유 |

몇 가지 팁을 지혜롭게 활용하면 한결 수월하게 아이의 일기 쓰기를 도울 수 있다. 아이들이 쓰는 일기장을 살펴보면, 제목과 날씨를 쓰는 칸이 있고 날씨에는 해, 구름, 우산, 눈사람 그림이 그려져 있으며, 일어난 시각과 잠잔 시각, 오늘의 반성할 점과 내일의 계획을 쓰게 되어 있다. 제조 회사별로 디자인이 조금씩 다르긴 하지만, 대체로 이러한 구성을 갖추고 있다. 그림 일기장 역시 그림을 그리는 칸이 크게 면적을 차지하고 있을 뿐 아이들이 채워야 하는 내용은 일반 일기장과 비슷하다.

그 칸들을 모두 채워야 한다고 생각해 보라. 일기장을 펼쳐 놓는 순간부터, 아니 펼친다는 생각을 하는 순간부터 가슴이 답답해지지 않을까? 일기를 쓸 때, 아이들은 가장 먼저 날씨 그림 가운데 하나를 선택해서 동그라미를 친다. 일어난 시각과 잠잔 시각은 정확히 알 수 없으니 대강 적거나 건너뛴다. 반성할 점이나 내일의 계획은 적다가 말다가 한다. 칸들을 다 채워야 할 것만 같은데, 생각이 안 나니 대충하게 된다. 꼼꼼한 성격의 아이는 이 모든 칸을 채우느라 정작 공을 들여야 하는 일기에는 집중하지 못한다. 더군다나 이러한 틀은 아이들의 자유로운 사고를 좁은 칸 안에 가둬 버리는 결과를 낳는다. 그러므로 일기를 시작할 때는 일기장의 틀을 과감히 무시하게 하거나, 틀이 없는 공책을 준비해 주는 것이 좋다.

또한 그동안 잠자리에 들기 전에 일기를 썼다면 그 시각도 앞당겨 보자. 아이들은 나중을 생각하지 않고 몸 안의 에너지를 그때그때 모두 써버린다. 저녁 식사를 한 뒤라면 이미 에너지가 고갈된 상태다. 이때 일기장을 펼치면, 무엇을 쓸지 생각하다가 쏟아지는 졸음 때문에 대강 쓸 수밖에 없다. 저녁 식사를 하기 전이나 학교에 다녀온 후 일기를 쓰게 하는 게 가장 좋다.

일기를 쓰는 장소 역시 일기의 질에 큰 영향을 미친다. 이제까지 "일기 안 썼어? 얼른 방에 들어가서 써."라고 했다면, 오늘부터는 오픈된 곳에 글쓰기 장소를 마련해 주자. 방에 들어가서 혼자 글을 쓰려고 하면 기분이 막막해진다. 거실이나 식탁 등 개방된 공간에서 아이와 함께 글쓰기를 하자. 부모가 꼭 같이 쓰지 않아도 된다. 옆에 앉아 아이의 이야기에 추임새를 넣어 주며 들어주고, 글감에 힌트를 제공해 주는 정도로도 충분하다. 그러다가 아이의 보물 같은 표현이 눈에 띈다면, 아낌없이 칭찬을 해주자. 그러면 아이는 일기 쓰는 시간을 기다리게 될 것이다. 글을 써주지 말고 쓸 수 있도록 동기 부여를 해주는 것이 정말 중요하다.

| 매일 쓸 것이 없다는 아이에게 |

일기는 그날그날 겪은 일이나 생각, 느낌 따위를 적는 개인의 기록이다. 또 오늘 겪은 일 가운데 인상적인 일을 형식에 구애받지 않고 자유롭게 쓰는 글이기도 하다. 매일 겪은 일을 써야 하는 까닭에 아이들은 지루하기만 하다. 대체로 아이들의 하루는 학교에 가서 공부하고, 친구들과 놀고, 방과 후 과제를 하거나 학원에 가는 일 말고는 별다른 것이 없기 때문이다.

하지만 가만히 생각해 보면 오늘은 어제와 분명히 다르다. 오늘의 기분은 어제와 같지 않고, 부모님이나 친구와 나눈 이야기도 다르며, 학교 수업 내용도 다르다. 등·하굣길에서 만난 사람들의 옷차림도 다를 뿐 아니라, 하늘에 떠 있는 구름의 모양이나 가로수 이파리의 색깔도 다르다. 이렇게 어제와는 조금씩 다른 오늘 하루 동안 보고, 듣고, 행동하고, 느낀 점을 적는 것이 일기다.

체험 학습을 다녀오거나 외식을 한 일, 생일 파티에 참석한 일은 아주 식상한 글감이다. '누구랑 어디에 가서 무엇을 했다'고만 써도 당시의 장면이 떠오르기 때문에 제대로 쓴 것 같이 보일 뿐이다. 그러다 보니 특별한 일을 하지 않은 날에는 글감이 없다고 여기게 된다. 똑같아 보이는 일상 속에서 어제와 다른 점을 찾을 수 있도록 도와줘야 한다.

"엄마 오늘 뭐 쓰지?"

"그러게. 오늘 학교에서 배운 건 어때? 무엇을 배웠는지 써보는 거야. 아니면 짝꿍이랑 무슨 얘기했어? 그 얘기를 써봐도 좋겠다."

이렇게 부모가 먼저 아이디어를 제시해도 좋고, 아이에게 의견을 물어도 좋다. 중요한 것은 어떤 내용을 쓸지 아이에게 선택하게 한 뒤, 이에 대해 충분히 이야기를 나눠야 한다는 것이다. 이때 다음과 같은 질문을 해주면 아이의 회상을 도와 글감 찾기가 훨씬 쉬워진다. 또 내용과 관련하여 좀 더 확장해서 생각해 볼 수도 있다. 이러한 대화를 통해 아이는 한결 글쓰기가 편해지고 풍부한 내용을 쓸 수 있게 된다.

글감을 정할 때 ───────────────────────

- 오늘 있었던 일 중에서 글로 써보고 싶은 이야기가 있어?

- 오늘은 무슨 내용으로 일기를 써볼까?

- (혹은 직접적으로) 우리 집 강아지에 대해 써볼까? / 할머니를 소개해

  볼까?

글감을 정하고 난 뒤 ──────────────────────

- 그 일이 왜 가장 기억에 남아?

- 어떤 내용을 쓰려고 하는지 엄마에게 먼저 말해 주렴.

더 이상 쓸 말이 생각나지 않는다고 할 때 ───────────────

- 누구랑 했어? 어떻게 했는데? 어디에서 봤어?

- 왜 그런 생각이 났어?

식물도 사람처럼 감정이 있다. 노래를 들려주고 좋은 말 해주면 쑥쑥 자라지만 "너 왜 안 자라니?" "미워"라고 말하면 쑥쑥 안 자란다. 나는 식물에게 좋은 아이다. 우리 집에서 기르는 선인장에게도 그렇게 생각하고 말한다. 우리 집에는 선인장이 세 개 있는데 모두 다 내가 음악도 들려주고 예쁘다는 말도 해준다. 선인장은 나하고 단짝 같은 친구다. 나의 소중한 친구다.

1학년 아이가 쓴 일기다. 집에서 기르고 있는 식물에 대해 느끼는 감정을 글감으로 정했다. 집에서 늘상 보는 것이지만, 이렇게 글로 쓰게 되면 평소

의 생각들을 정리할 기회를 가질 수 있다. 아이는 글쓰기를 한 뒤 선인장이 더욱 소중해졌을 것이다.

아이들은 흔히 뭔가 새롭게 한 일을 적는 게 일기라고 생각한다. 다른 사람에게 하고 싶은 말이나 억울하고 답답했던 일, 자랑하고 싶은 일, 어떤 사람이나 물건에 대한 생각들도 좋은 글감이 된다는 사실을 알려 주자.

> 나는 오늘 학교에서 딱지치기를 했다. 친구가 딱지를 딸까봐 기분이 안 좋았다. 친구가 내 딱지를 따면 기분이 안 좋지만, 내가 친구 딱지를 따면 기분이 좋다.

짧은 일기 안에서 친구가 내 딱지를 따갈까 봐 불안해하는 아이의 마음이 느껴진다. "친구가 딱지를 딸까 봐 기분이 안 좋았다."는 문장에서 "기분이 안 좋았다."는 표현은 "(마음이) 불안했다."고 표현하는 게 맞다. 하지만 감정 표현에 미숙한 나이다 보니, 불안하다는 표현보다는 비교적 표현이 쉬운 기분이 안 좋다고 쓴 듯하다. 그래도 자신이 따면 기분이 좋다는 솔직한 마음을 드러내 웃음이 난다. 자기 마음을 표현하는 데 글의 길이는 그리 중요하지 않다. 맞춤법이 틀렸어도, 문장 구조와 문법은 엉망일지라도 솔직한 마음이 담긴 1학년 아이의 일기는 보물이다.

아이가 일기 쓰기를 너무 버거워한다면, 다른 아이들이 쓴 글을 보여 주는 것도 좋은 방법이다. 잘 쓴 글보다는 또래 아이들이 쓴 비슷한 수준의 글이 좋다. 또 유사한 환경에 처한 아이들의 글이 좋다. 도시의 아파트에 사는 아이에게 바닷가에서 그물 손질하는 어머니의 모습을 묘사한 글은 흥미로울 수는 있으나 공감을 불러일으키지는 못할 것이다.『아무도 내 이름을 안 불러줘』(한국글쓰기연구회 지음, 보리),『여치가 거미줄에서 탈출했다』(덕치초등학교2학년아이들 지음, 사계절),『다 아는데 자꾸 말한다』(초등학생58명 지음, 보리)와 같이 저학년 아이들이 쓴 글을 엮어 놓은 책을 권해 보자.

| 날씨만 써도 일기가 된다 |

아이들이 일기장을 펼쳐 가장 먼저 하는 것은 날씨 쓰기다. 앞서 설명했듯이 이미 시중에는 해, 구름, 우산, 눈사람 중에서 오늘의 날씨를 골라 표시하는 공책도 나와 있다. 하지만 날씨를 문장으로 표현하는 방법이 효과적이라는 사실이 알려지면서 아이들의 일기에서 문장으로 표현한 날씨가 심심치 않게 등장하고 있다.

날씨는 사람에 따라 다르게 느낀다. 무더운 여름날 시원한 에어컨 바람을 쐬며 수박을 먹은 아이와 뙤약볕 아래서 축구를 한 아이는 날씨를 아주 다르게 느낄 것이다. 그러므로 날씨를 표현할 때는 쓰는 사람이 본 대로 느낀 대로 쓰도록 해야 한다.

그런데 날씨 쓰기를 지나치게 강조하면 날씨만 적다 지쳐 버릴 수 있다. 그러므로 다른 아이들이 쓴 날씨의 예를 참고하도록 하는 것도 좋은 방법이다. 자신이 느끼는 감정을 어떤 낱말로 표현해야 할지 몰라 못 쓰는 경우도 많기 때문이다.

날씨 쓰기 사례

- 엄마랑 동생이랑 백화점에 가는 길이었다. 우리는 버스에 탔는데 거기에는 에어컨이 있어서 시원했다. 그런데 다 와서 버스에서 내리자 너무 더웠다.

- 햇빛 쨍쨍 모래알은 반짝

- 해가 없는데 무지 더웠다.

- 학교 체육 시간에 바람이 불어서 시원했다.

- 학교 갈 때는 비가 안 왔는데 올 때는 비가 소나기처럼 왔다. 할머니가 우산을 들고 학교 앞에서 기다렸다.

- 비가 오는 날이면 찝찝하다. 빗물이 다리에 튀기기 때문이다. 게다가 바지도 젖었다. 집에 있는 게 편할 것 같다.

- 비가 살살 왔다. 지금은 봄인데 비가 왔다. 놀 수 있었는데 아깝다.

- 황사폭탄

- 바람 때문에 단풍이 떨어진다.

- 눈이 올 것 같고 굉장히 춥다. 바람에 날려 갈 것 같다. 털 코트를 입었는데도 춥다.

- 학교 갈 때 추워서 옷을 꽁꽁 싸매고 갔다.

- 자고 일어났더니 밤새 눈이 엄청 많이 왔다. 우리 동네가 겨울왕국이다.

날씨만으로 그 날의 일기를 대신해도 좋다. 날씨는 우리 생활과 아주 밀

접하기 때문에 날씨를 일기의 주제로 하는 것은 무척 자연스러운 일이다.

당연한 말이겠지만, 날씨를 표현하기 위해서는 우선 날씨를 관찰해야 한다. 아이를 데리고 밖으로 나가 온몸으로 날씨를 느끼게 한 다음 떠오르는 것들을 말해 보라고 한다. 가령 '나뭇잎이 흔들린다, 하얀 구름이 많다, 초록빛 나뭇잎이 많아서 나무가 무거워 보인다, 단풍잎이 빨갛다, 추워서 코가 빨갛다' 등 날씨에 관련된 내용을 표현해 보게 하는 것이다. 그리고 집으로 돌아와 밖에서 나눈 대화들을 떠올려 날씨를 써보게 한다. 이때 기억을 돕기 위해 녹음을 했다가 들으면서 적게 해도 좋다. 녹음한 말소리를 받아 적다 보면 일기 쓰기가 한층 더 재미있어진다.

| 그림일기를 쓰는 진짜 의미 |

일기의 시작은 대개 그림일기다. 글로 표현할 수 없는 부분을 그림으로 보태는 쓰기 형태다. 요즘은 유치원 때부터 그림일기를 시작한다. 그림과 글은 아이들이 표현하고자 하는 내용을 서로 보완해 주는 역할을 한다.

대다수 어른들은 일기보다 그림일기가 쉬울 거라고 생각한다. 그래서 그림일기로 시작한다고 생각하는 경향이 있다. 하지만 바꿔 생각하면 그림일기는 그림도 그려야 하고 글도 써야 하기 때문에 오히려 아이에게 더 큰 부담일 수 있다. 즉 그림 그리기와 일기 쓰기가 동시에 이루어지는 것으로, 높은 사고력과 운필력, 집중력을 요하는 일이다.

물론 그림 그리는 것을 좋아하는 아이들은 글자로 표현하기 힘든 부분을 그림으로 나타냄으로써 자신의 표현을 극대화시킬 수 있다. 하지만 그림이 서툰 아이들에게 매번 그림을 그려야 하는 일은 대단히 버겁다. 어찌 보면 아이들이 일기 쓰기를 부담스러워하는 것은 처음부터 그림일기로 시작하기 때문이기도 하다. 하나도 아니요, 두 가지 형태로 자신의 생각을 나타내야 하니 어찌 부담스럽지 않겠는가.

간혹 미술학원에서 그림일기를 배운다는 아이들이 있는데, 굳이 그렇게까지 할 필요는 없다. 자신의 생각을 간단하게 나타내기만 해도 되는 게 그림일기이기 때문이다. 그림일기는 사물을 정확히 묘사하여 멋지게 채색해야 하는 미술 활동이 아니다.

따라서 그림일기를 지도할 때는 그림 따로, 글 따로 평가해서는 안 된다. 그림도 잘 그리고 글도 잘 쓸 수는 없다. 글과 그림이 서로 보완하여 아이가 말하고 싶은 바를 잘 드러내고 있는지를 살펴야 한다. 그림의 완성도는 고사하고 하루 일과를 회상하여 기록하는 일 자체가 버거운 나이다. 그동안 그림일기에 대해 갖고 있던 우리들의 생각과 달리 그림일기는 아이들에게 고난도의 작업이다. 그러니 그림일기를 강요하기보다 미숙하면 미숙한 채로 자유롭게 생각을 표현하게 해보자. 미숙한 표현 자체가 아름다울 나이다.

다음 쪽에 소개한 그림일기를 살펴보자. 아이는 절하는 방법을 배운 일에 대해 썼는데 표현이 아쉬웠는지 절하는 모습을 그림으로 그려 넣었다. 아이들의 그림일기장을 살피다 보면 그림에 충실한 일기들이 눈에 띈다. 무려 열 명이나 인물을 그려 넣은 그림, 바탕까지 세심하게 색칠한 그림을 비롯해 꽤 수준 높은 그림 실력이 돋보이는 것들도 있다. 이러한 일기만이 잘 쓴 그림일기가 아니다. 여기에 소개한 그림일기 예시를 보아도 알 수 있듯

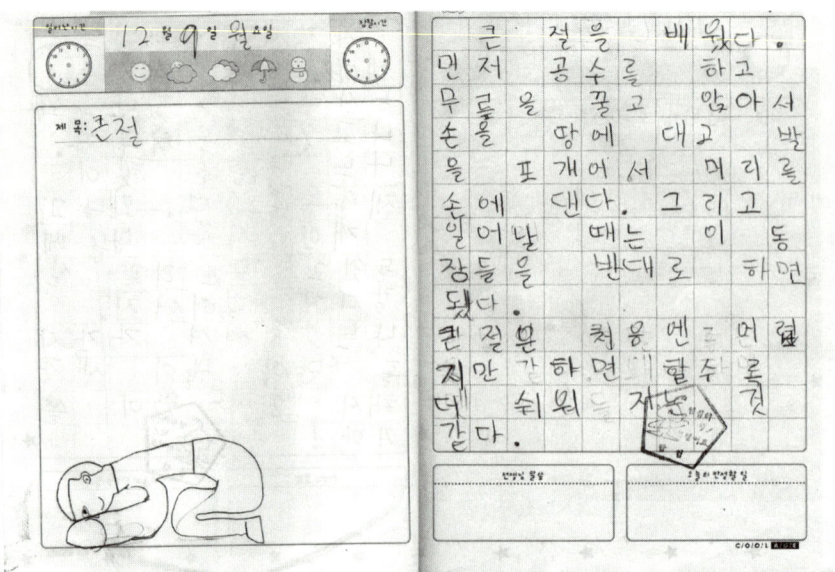

글과 그림이 서로 보완해 주고 있는 그림일기 예시 ▲

이, 글과 그림이 서로 부족한 부분을 채워 줄 수 있다면 이상적인 그림일기라 할 수 있다.

그림일기에는 올바른 순서가 없다. 그림을 먼저 그려도 되고, 글을 먼저 써도 된다. 다만 그림을 그리느라 힘이 다 빠진 뒤에 글을 쓰려고 하면 팔도 아프고 집중력도 떨어진다. 또 글과 그림이 서로 보완 역할을 해줘야 하는데, 그림으로 다 표현되어 글로 쓸 게 별로 없다. 글쓰기를 먼저 한 뒤에 표현이 잘 안 되는 부분만 그림으로 보충하게 한다면, 그림일기가 훨씬 즐거운 활동이 될 것이다.

5장

호기심은 키워 주고
아는 것은 다져 줘야 하는
2학년

· 생활문 쓰기 정복 ·

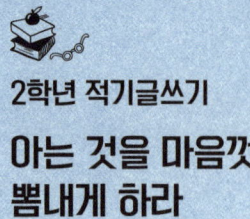

2학년 적기글쓰기

아는 것을 마음껏 뽐내게 하라

자기중심적인 사고에서 조금씩 벗어나 다른 사람들에게 관심을 가지는 등 아이를 둘러싼 세상이 넓어진다. 그만큼 알고 싶은 것도, 궁금한 것도 많아진다. 이를 더욱 자극하는 한편, 알게 된 것들을 아이의 것으로 만들어 줄 수 있는 방법을 모색해 줘야 한다.

'나'에서 '우리'로
확장되는 시기

2학년 아이들은 비교적 안정된 학교생활을 해
나간다. 지난 1년간 학교생활을 통해 대인 관계의 기술과 공부 방법, 학교
규칙들이 제법 몸에 배어 자연스러워졌기 때문이다. 사회적 요구를 이해하
고 받아들이면서 여유가 생긴 아이들은 자기중심적 사고에서 조금씩 벗어
나 다른 사람들에게 관심을 갖기 시작한다.

자기를 둘러싼 주변 환경에 대한 이 같은 관심은 글쓰기에도 나타난다.
'나는 오늘~'을 강조하던 글이 가족이나 친구 혹은 동네 사람들과 같은 주
변 사람들의 이야기로 확대된다. 부모님이 무작정 좋았다는 내용에서 벗어
나 부모님과 나눈 이야기를 글감으로 쓰기도 하고, 친구와 함께 놀거나 다
투었던 이야기, 학교나 학원에서 새롭게 배운 것들, 동네에서 생긴 일들을
글로 표현하기도 한다.

5교시에 수학에서 친구들에게 세 자리 수 빼기 두 자리 수를 가르쳐 주었다. 이만저만 힘든 일이 아니었다. 저절로 한숨이 푸~ 나왔다. 그런데 선생님은 얼마나 힘드실까? 이해가 간다. 앞으로 공부를 더 열심히 해야겠다. 난 선생님은 절대로 되고 싶지 않다. 그 이유는 너무 힘이 들 것 같기 때문이다. 만약 선생님이 된다면 더 편안하게 가르치고 싶다.

이 아이는 친구에게 수학을 가르치다가 선생님이 얼마나 힘이 들지 떠올렸다. 글의 흐름이 다소 부자연스럽고 사용된 접속어도 적절치 않으며 설명도 부족하지만, 경험을 통해 다른 사람의 처지를 헤아릴 줄 알게 된 점은 칭찬할 만하다.

물론 여전히 자기중심적인 사고가 남아 있다. 형제나 친구들과 다퉜을 때 누구의 잘잘못을 떠나 자신이 억울했던 일부터 앞세운다. 다툼이나 갈등의 원인을 다른 사람에게 돌리며 자신을 좀 더 미화하기도 한다. 부모나 교사와 같은 권위 있는 어른에게 인정받고 싶은 마음 때문이다. 아직 비판적·논리적인 사고가 발달하지 못하여 자신의 행동을 좀 더 객관적으로 바라보기 어려운 탓도 있다. 또 하고 싶은 말이 앞서다 보니, 글의 흐름이 맞지 않거나 사건의 순서가 그저 나열되는 경향이 있다.

은성이 때문에 짜증이 난다. 오늘 학교에서 수업 시간에 은성이가 내 책상에 낙서를 했다. 하지 말라고 손을 잡았다. 그랬더니 은성이가 내 손을 꼭 잡았다. 손을 떼어보니 자국이 남았다. 나는 울 것 같았다. 나는 짜증이 났다. 그리고 수학시간에 스티커 뒷면에다 '이서윤 멍청이'라고 써 놓았다. 나는 더 짜증이 났다. 그런데 자기 부채로 나를 때렸다. 나는 머리부터 발끝까지 화가 났다. 학교 끝나고 나는 엄마께 일렀다.

이 글은 짝꿍이 자신을 괴롭혀서 속상했던 마음을 그대로 쓴 일기다. 학교에서는 적절하게 대응하지 못했지만, 아이는 엄마에게 이르는 것으로 상황을 끝냈다. 그럼에도 속상함이 온전히 가시지 않았는지 일기에 담았다. 기분이 한결 나아졌을 것이다.

자신의 생각(마음)을 잘 알고 정확히 표현할 줄 아는 것은 원만한 대인 관계를 위해 대단히 중요하다. 그런 점에서 글은 자신의 생각을 표현하는 도구가 되며, 이를 통해 다른 사람과 원만한 관계를 맺어 갈 수 있다. 친구와 있었던 갈등이나 문제를 떠올리고 그때 느낀 감정을 쓰는 동안 마음이 훨씬 가벼워지기 때문이다.

이 시기 아이들은 사회성이 발달하면서 자신과 친구와의 차이점을 발견하기도 하고, 다른 사람들의 행동을 비교하면서 더 잘한 점이나 못한 점, 좋은 점과 나쁜 점들을 깨닫고 이를 표현하기도 한다. 아직은 미숙하지만 자기가 속한 사회에 대한 비판 의식이 생기는 시기도 바로 이때다. 아이들은 주위 사람들을 의식하면서 자신의 생각이 다른 사람과 다를 수 있음을 알게 된다.

| 아이와 함께 뉴스 보기를 시작해야 할 나이 |

쓰촨성에 지진이 났다. 많은 사람들이 다치고 온갖 새집, 새 물건, 가난한 집 등 뒤집히고 깨지고 부서지고 아수라장이 되었다. 학교도 무너져 어린이도 다쳤다. 나는 뉴스에서 가족, 여자 친구, 애인이 다 죽어서 사람들이 엉엉 울고 바닥에 털썩 앉는 것을 보았다.

뉴스에서 어린이가 여자 애 2명을 구했다. 여자애들은 바로 응급실로 갔고 학교는 금세 아수라장이 됐고 한 남자 어린이의 부모님은 지진으로 사망하셨다. 나는 애들을 구할 때 깨달았다. 이런 게 우정의 힘이란 걸 알았다. 눈물이 뚝뚝 나오고 마음이 아프다.

뉴스에서 본 지진 현장의 안타까움을 쓴 2학년 여자아이의 글이다. 지진을 막을 방법이나 그 원인에 대한 고민은 없지만, 뉴스 내용을 글의 소재로 삼았다는 것은 세상일에 관심을 갖기 시작했다는 증거다. 자녀와 함께 뉴스를 보며 이야기를 나눌 수 있는 시기가 된 것이다. 물론 뉴스 내용을 전부 이해하지는 못하겠지만, 뉴스를 통해 세상에서 일어나고 있는 일들을 알려 주고 관심도 높일 수 있다.

아이가 어떤 특정 문제에 조금씩 관심을 보인다면, 그 문제에 대해 파악하고 있는지, 어떻게 해결할 수 있을지 이야기를 나눠 보자. 이러한 경험은 후에 배우게 되는 '제안하는 글쓰기'로 발전하게 된다. 경험했던 일들을 나열하는 1학년 때와 달리 이 시기는 주제에 자신의 생각을 녹일 수 있는 기반이 만들어지는 것이다.

여기서 유의할 점은 이야기를 나눌 때 반드시 아이의 눈높이를 고려해야 한다는 것이다. 이제 막 세상에 관심을 갖기 시작한 아이가 객관적이고 논리적이며 아주 그럴듯한 해결책을 생각해 낼 거라고 기대해서는 안 된다. 설령 문제를 정확히 인지하고 있더라도, 아주 엉뚱하고 자기중심적인 해결책을 내놓기 일쑤다. 아이가 세상 문제에 관심을 가진 것만으로도 의미 있는 일이며 격려를 해줘야 한다는 걸 잊지 말자.

세상을 향한 아이들의 시선은 곧 호기심의 증폭으로 이어지고, 호기심은 곧 아이들에게 의문으로 발전한다. 궁금증을 해결하기 위해 다양한 지식에 관심을 갖게 되는데, 이 무렵 많은 아이들이 학습만화에 빠지는 것도 이 때문이다. 워낙 다양한 영역에 관심을 갖다 보니 어느 한 분야도 제대로 알지 못할 수 있다. 이를 방지하려면 관심 분야에 집중할 수 있도록 관련 책들을 읽히는 한편, 알게 된 것들에 대해 말이나 글로 표현해 보는 기회를 주어야 한다.

글쓰기를 통해
타인과의 소통법을 배운다

저학년 교과 과정에서 쓰기의 목표는 '글자를 익혀 자기 생각을 바르게 표현하는' 것이다. '작다와 적다', '가르치다와 가리키다'처럼 헷갈리는 낱말들을 바르게 사용하도록 하고, 마침표, 물음표, 느낌표와 같은 문장 부호의 의미와 사용법을 가르친다. 그래서인지 이 시기 아이들의 글을 살펴보면 문장 부호의 사용이 두드러진다. 대표적으로 마치 작은 동그라미를 그린 뒤 그 안을 까맣게 칠한 것 같은 마침표가 등장하며, 느낌표나 물음표와 같은 문장 부호를 다른 글자보다 크게 표기하기도 한다. 부호 쓰는 재미에 빠져 간접화법, 직접화법을 자주 사용하는데, 너무 남발한다 싶어도 굳이 이를 지적할 필요는 없다.

영어 알림장 쓰다가 울었다. 왜냐하면 내가 단어 시험 1개 쓴 다음에 선생님이 지워버렸기 때문이다. "그거 갖고 울면 어떡해" "……" 나는 아무 말도 안하고 훌쩍거리기만 했다. "왜 울었어?" "몰라?" "영어 알림장 쓰는데 선생님이 지워버렸어" "그랬어?" "응" 내가 이유를 말했다. 이유를 뱉어내니까 기분이 좋았다. 오늘 울은 거는 다 까먹고 다시는 울지 말아야지.

직접화법에 따옴표, 물음표가 가득하다. 아이들에게 문장 부호는 글자와 모양이 달라서 쓰는 재미가 있다. 아니, 그린다고 하는 게 더 맞는 말이다.

아이들의 맞춤법은 여전히 실수가 많다. 아직 맞춤법을 정확하게 몰라서이기도 하지만, 글의 내용에 집중하느라 그렇다. 따라서 맞춤법에 너무 신경 쓰지 말고 글의 내용에 후한 점수를 주기를 바란다.

| 친구와의 소통법을 배운다 |

자기를 둘러싼 세계에 관심을 갖게 되는 2학년 때는 친구와 소통하는 방법을 배운다. 친구에게 '고운 말 하기', 칭찬 편지처럼 자기의 마음을 표현하는 '편지 쓰기'를 익힌다. 2학년 쓰기 목표 중 하나는 다른 사람과 원활하게 소통하는 법을 배워 생활에 실천하는 것이다.

보고 싶은 수민이에게

안녕, 수민아, 나 기억하지? 7살 때 이사를 간 너의 단짝 친구 정우야.

너는 많이 마르고 키도 작았었는데 키는 많이 컸니? 건강하게 잘 지내고 있지? 나는 키도 쑥쑥 크고 살도 많이 쪘어. 아주 건강하게 잘 지내고 있어. 너하고 나는 둘도 없는 단짝 친구였는데 유치원이 끝나면 가방을 던져 놓고 놀이터로 후다닥 달려가서 즐겁게 뛰어 놀던 기억이 아직도 생생해. 수민아, 우리 다음에 만나서 다시 한 번 신나게 뛰어 놀자.

  이사를 해서 헤어진 친구에게 편지를 쓰는 일은 추억을 되살려 준다. 이사를 간 친구 혹은 짝꿍에게 하고 싶은 말을 쓰거나, 선생님이나 부모님에게 평소 하지 못했던 말을 써보게 하자. 이때 부모는 미안했던 일이나 서로 오해하고 있었던 일, 친구가 되고 싶은 아이의 마음이 편지에 잘 드러나도록 도울 수 있다. 편지 쓰기를 통해 아이는 말로 하기 어려운 내용을 글로 썼을 때 어떤 느낌이 들고 어떤 효과가 있는지 직접 깨닫게 된다. 이와 함께 부모는 자라면서 만남과 헤어짐을 반복해 나갈 아이에게 한 번 맺은 인연의 소중함을 일깨워 줘야 한다.

아는 것을
열정적으로 표현하게 하라

2학년 아이들은 일반적으로 '알고 있는 지식이나 경험을 나열하여 쓰는 과도기 단계'에 속한다. 그러므로 아이가 알고 있는 것들을 풍부하게 표현할 수 있도록 도와줘야 한다. 이를 통해 서툴고 부자연스러웠던 표현이 점차 자연스러워지고 세련되어진다.

그런데 부모들은 아는 것을 표현하고 자랑하는 것에 대해서 예민하게 반응하곤 한다. 어떤 부모는 아이가 무언가를 잘하는 모습을 보이면 자만하지 말고 더 열심히 해서 최고가 되라고 다그친다. 자칫 자만해져 노력을 하지 않을까 봐 칭찬에 인색한 것이다. 실제로 그런 부모들을 종종 본다. 아이가 잘난 척 좀 하면 어떤가. 잘하는 것은 정말 잘한다고 해줘야 한다. 단 무조건 칭찬하라는 것이 아니라 어떤 점이 좋은지 정확히 짚어 주어야 한다.

가령 "내용은 조금 미숙했지만, 순서대로 말을 참 잘했어." "듣는 사람을 생각하지 못하고 혼자 말하는 것 같았지만 내용 정리는 참 잘했구나." "글의 순서는 좀 안 맞는 것 같은데 내용이 아주 훌륭했어." "자세히 나타내지는 못했지만 사례를 아주 잘 들었구나."와 같이 먼저 지적을 한 뒤 구체적으로 칭찬을 해준다. 이렇게 하면 칭찬받은 내용이 더욱 오래 기억에 남는 효과가 있다. 자만할 것을 염려하지 않아도 된다. 아이가 뭐든지 잘하기는 불가능하다. 더 분발하라는 격려와 함께 칭찬을 곁들이면 아이는 절대 자만심에 빠지지 않는다.

| 자세히 떠올리고 생각하는 습관을 만들어 줘라 |

2학년 교과서 쓰기 영역에서는 겪은 일을 좀 더 자세히 회상하여 정리한 다음 글을 쓰도록 한다. 자신이 한 것, 본 것, 들은 것, 생각이나 느낌을 나누어 정리하도록 한 뒤 이를 바탕으로 글을 쓰게 하고 있다. 회상을 통해 좀 더 자세히 쓰는 방법을 가르치고자 함이다.

또 처음 등장하는 설명문 쓰기는 알고 있는 지식을 나열하여 쓸 수 있는 이 시기 아이들의 특징과 잘 맞아떨어진다. 2학년 국어에는 과학을 주제로 한 지식 글이 많이 소개되는데, 이를 읽고 알게 된 것을 다른 사람에게 설명해 본 뒤 글로 표현하도록 한다. 이러한 연습을 통해 부연 설명하는 방법을 익혀 나간다. 글의 형식을 배운다기보다 좀 더 자세히 쓰는 방법을 훈련하는 것이다.

과학이나 사회 및 역사 등 새롭게 알게 된 지식들은 글을 써봄으로써 자기 것으로 만들 수 있다. 바로 학습 능력에 도움을 주는 글쓰기가 가능해지는 것이다. 아직은 학습 독서기에 접어들지 못한 탓에 독서와 학습, 글쓰기를 연결하여 지도하기에는 무리가 있다. 그러나 알고 있는 것을 나열하는 글쓰기 특성을 가진 시기이므로 '경험한 것, 알고 있는 것, 오늘 학교에서 배운 것을 자세히 표현하여 쓸 수 있도록' 도와줘야 한다.

달팽이는 넓적하고 둥근 모양의 집 안에 있다. 풀과 새싹 같은 야채와 꽃을 먹는다. 그리고 똥은 먹이에 따라 다르다. 오이를 먹으면 초록색 똥, 민들레꽃을 먹으면 노랑색 똥이 나온다. 해가 뜨는 날에는 몸이 마를까봐 축축한 나뭇잎에 몸을 말리고 비오는 날은 축축해서 밖으로 나온다. 왜냐하면 달팽이는 피부로 숨을 쉬어서 축축한 걸 좋아하기 때문이다.

'느린 달팽이'라는 제목의 글을 쓴 이 아이는 책을 읽고 알게 된 점을 그대로 나열했다. 글을 봐서는 글의 제목인 느린 달팽이의 특성을 알 수 없다. 저학년이다 보니 달팽이에 관해 알게 된 사실들 가운데 아주 기초적인 것들을 나열하는 데 그쳤다.

아이가 이 같은 글을 쓸 때 부모는 곁에서 좀 더 풍부하게 쓸 수 있도록 지도해야 한다. 달팽이에 대해 알게 된 것을 먼저 이야기하는 시간을 갖자. 이때 격하게 리액션을 해주면 아이는 더욱 신이 나서 이야기한다. "우와~ 그걸 어떻게 알았어? 대단하다. 달팽이 박사 같아." 하는 등의 말은 아이를 춤추게 한다. 아이는 묵은 지식까지 끌어내는 열정을 발휘할 것이다.

아이들은 아는 것을 나열하기에 바빠 두서없는 글을 쓰곤 한다. 아이와 이야기를 나눈 후 같은 내용끼리 묶어 보는 활동을 해보자. 종이에 낱말이나 그림으로 아는 것들을 순서 없이 나열하게 한 다음, 공책에 열거한 정보들의 공통점들을 묶어 보는 것이다. 생김새대로 묶고, 먹이들끼리 묶고, 그 밖의 것들도 같은 내용끼리 묶는다. 그런 다음 쓰게 하면 내용이 풍성해지고 자연스러워진다.

| 글의 길이는 중요하지 않다 |

독서에서도 소수의 책벌레와 다수의 책을 싫어하는 부류로 나뉘듯이 글쓰기 역시 서서히 글쓰기를 부담 없이 받아들이는 아이와 흥미를 잃은 아이로 나뉘기 시작한다. 하지만 아직은 극명하게 갈리지 않기 때문에 매일 조금씩이라도 글을 쓰게 함으로써 글쓰기 습관을 만들어 줄 수 있다.

과제니까 어쩔 수 없이 하는 글쓰기는 백날 해도 실력이 늘지 않는다. 스스로 글감을 정해 이에 맞는 내용을 떠올려 써보고, 이를 다시 검토하여 고치는 등 생각을 거듭하여 정리한 경험이 쌓여야만 글쓰기 능력이 길러진다.

무성의한 글쓰기로 잘못 길들여지면 생각하는 것조차 귀찮아져 글쓰기에 영 흥미를 붙이지 못하게 된다. 글쓰기는 깊은 사고를 요하는 작업이어서 저학년 때 깊이 생각하는 연습을 하지 않으면 글쓰기와 가까워질 수가 없다. 따라서 쓰기 경험이 중요한 1학년 때와 달리 날마다 관찰한 것, 알게 된 것들을 짧더라도 깊이 생각하여 써보게 하자. 무성의한 글 열 편을 쓰기보다 한 편일지라도 깊이 생각하여 쓸 때 글도 발전하며 글쓰기 효과도 얻을 수 있다.

　대충 글을 쓰는 아이에게 가장 좋은 방법은 자기가 쓴 글을 다시 읽어 보게 하는 것이다. 이때 잘못된 곳을 고치는 습관을 들이려면 시간이 필요하다. 특히 저학년은 이제 막 글쓰기를 시작한 만큼, 이러한 습관을 가질 수 있도록 주의를 기울여야 한다. 그렇다고 부담을 가질 필요는 없다. 학교에서도 이를 강조하는 만큼 자연스럽게 유도해 주기만 해도 된다.

새롭게 바라보기를 연습하는
'생활문 쓰기'

2학년 핵심 글쓰기는 '겪은 일 쓰기'다. 생활문 쓰기라고도 한다. 흔히 겪은 일이라고 하면 체험 학습이나 여행 등 뭔가 몸을 움직여 행한 것에 국한시킨다. 그러나 겪은 일이란 보고, 듣고, 말하고, 생각하는 일들을 총칭한다. 즉 아이가 오감을 통해 겪은 모든 일이 해당된다. 텔레비전이나 책에서 본 것도, 냄새를 맡거나 손으로 만져 본 것도 모두 포함된다.

일기는 말할 것도 없으며, 책을 읽고 쓰는 독서감상문도, 경험을 근거로 한 논설문도, 자기가 알고 있는 것을 이해하기 쉽게 표현하는 설명문도 모두 겪은 일 쓰기에 해당된다. 아이들의 글쓰기는 모두 겪은 일 쓰기라 해도 과언이 아니다. 그 가운데서도 일기와 생활문 쓰기는 모든 글쓰기의 바탕이다. 일기와 생활문 쓰기를 충분히 연습하여 아이가 명확하게 자신의 생각(의도)을 표현하도록 도와주자.

겪은 일 쓰기는 아이들이 한 일을 바탕으로 하기 때문에 종종 쉬울 거라고 착각한다. 하지만 머릿속에 있는 것들을 문장으로 표현하려면 무엇을 먼저 쓰고 무엇을 나중에 쓸 것인지, 어떤 낱말과 문장이 적절할지 등 고민해야 할 사항이 한두 가지가 아니다. 뿐만 아니라 겪은 일을 나열한 뒤 거기에 자기 생각까지 덧붙여야 하니 머리가 무척 아프다.

겪은 일 쓰기를 지도할 때 가장 중요한 것은 바로 '글감 고르기'와 '회상하기'다. 이 두 가지만 잘 해낼 수 있다면 나머지는 비교적 쉽게 해결된다. 직접 겪은 일을 쓰면 되는데, 어째서 글감 고르는 일이 힘들다고 하는지 의문스러워하는 부모도 있을 것이다. 우리가 하루 동안 겪는 일은 수없이 많다. 일의 경중을 떠나, 무슨 경험을 글로 쓸 수 있을지, 어떤 일을 글로 썼을 때 가치가 있을지 고민해서 선택해야 한다. 즉 일상을 새롭게 바라보는 과정을 거쳐야 한다. 어른에게도 쉬운 일이 아닌 만큼 당연히 아이에게는 어려운 과제일 수밖에 없다.

| 글쓰기로 성장하는 아이와 과제에 머무는 아이의 차이 |

글을 써본 사람은 생활 곳곳에 글감이 있다는 것을 안다. 눈에 보이는 모든 것이 글감이다. 아이들도 마찬가지다. 이젠 제법 글감을 다양한 곳에서 찾을 수 있는 눈을 가졌다. 다만 아이들의 시각은 그리 넓지 못하므로 글감을 잡을 때 조금 도와주면 한결 수월하게 글쓰기를 시작할 수 있다.

아이들의 글에서 여전히 으뜸인 글감은 여행을 가거나 외식했던 일, 친구와 놀았던 일, 교회나 마트에 갔던 일들이다. 그러나 보고 듣고 했던 일들을 나열하는 글쓰기만 반복한다면 깊이 생각해서 결론을 도출해야 하는 논리적인 글을 쓸 때 막막해진다. 부모들은 글의 분량이 많으면 보통 안심을 하는데, 아이가 나열하는 글쓰기만 하고 있는 건 아닌지 주의 깊게 살펴봐야 한다.

나날이 겪는 일상이며 누구나 겪는 일이지만, 그 안에서 깊이 생각해 보고 새롭게 바라보는 경험이 쌓이면 글쓰기가 된다. 그리고 이러한 글쓰기가 가능할 때 매일 겪는 일상이 좀 더 새롭게 느껴진다.

나는 지렁이가 싫다. 특히 죽은 지렁이가 더 싫다. 지렁이가 싫은 이유는 징그럽고 죽은 지렁이에는 파리들이나 벌레들이 잔뜩 있기 때문이다. 오늘 엄마가 "한결아, 이 책 읽어봐. 이 책을 읽으면 지렁이를 좋아하게 될 거야"하시면서 '지렁이'란 책을 주셨다. 나는 끝까지 다 읽었다. 그리고 엄마에게 말했다. "엄마, 다 읽었는데 재미없었어요. 그리고 그래도 지렁이가 너무너무 싫어요."

지렁이에 대한 책을 읽었는데도 여전히 지렁이가 싫다는 내용의 글이다. 특별한 경험이 아닌 일상에서 있었던 일을 그대로 쓴 글로, 이렇듯 아이들이 평소 좋아하거나 싫어하는 것들도 좋은 글감이 된다.

글을 쓰다 보면, 특별하지 않은 일상도 훌륭한 글감이 된다는 것을 깨닫게 된다. 일상에서 다양하게 글감을 찾아보자.

- 길에서 본 것

- 친구와 이야기하면서 떠올린 것

- 학교에서 배운 것 혹은 공부한 내용

- 1학년 때와 달라진 학교생활

- 요즘 친구들과 하는 놀이

- 부모 형제와 주로 나누는 대화

- 숙제나 공부에 대해 느낀 어려운 점 혹은 흥미로운 점

- 학교 급식에서 제일 맛있는 음식

- 이웃집에 사는 사람 이야기

- 우리 식구들이 가장 아끼는 물건

- 학교나 집에서 가장 마음에 드는 장소

사소해 보이는 일상에서 글감을 찾은 뒤에는 어떻게 써야 할까? 겪은 바를 다시 떠올리면서 어떤 표현이 적절할지 회상하는 단계를 거쳐야 한다. 이 과정은 대단히 중요하다. 많은 아이들이 글감을 정한 뒤 10여 분 만에 글을 뚝딱 완성해 낸다. 이러한 글을 읽어 보면 아이가 무엇을 쓰려 했는지 중구난방이다. 따라서 글쓰기 전에 충분히 생각하고 또 생각한 뒤에 쓰도록 해야 한다. 어떤 부분을 중점적으로 쓸 것인지 고민하는 과정을 통해 사고력이 향상되기 때문이다. 겪은 일 쓰기의 핵심은 사소한 일상에서 글감을 정하고 충분히 회상하는 시간을 갖는 것에 있다. 그리고 이러한 글쓰기를 할 때 아이의 성장을 자극할 수 있다. 어떠한 글쓰기를 했느냐에 따라 글쓰

기가 아이의 성장에 도움이 될 수도 있고, 그저 과제에 머물 수도 있다.

| 아이의 글은 빼기가 아닌 더하기 |

글쓰기 구상까지 끝났다면 자세히 풀어내는 일만이 남았다. 아이들은 자세히 쓰는 일에 미숙하다. 부모의 도움이 필요한 부분으로, 아이에게 다 쓴 글을 다시 읽어 보게 하여 어느 부분에 설명을 추가하면 좋을지 찾아 고쳐 써보게 해야 한다. 이때 부모가 첨삭을 해주어서는 절대 안 된다. 특히 색깔 펜으로 아이의 글 사이사이에 글자를 넣어 주거나 더 적확한 표현으로 바꾸어 주는 행동은 삼가야 한다. 어설프고 부자연스러워도, 부정확한 낱말을 사용하더라도 아이의 글을 존중해 줘야 한다. 대신 적절한 질문을 던져, 그 부분을 스스로 보충하거나 고칠 수 있도록 도와주자. 다음은 내용상 부족한 부분을 채울 때 건네면 좋은 질문들이다. 이를 참조하여 다양하게 응용해 보자.

내용이 풍부해지는 질문 예시 ─────────

언제 있었던 일이야? 누구랑 했어? 어디서 했어? 무슨 말을 했어? 어떻게 하는 거야? 무엇을 봤는데? 그때 무슨 생각이 들었어? 그때 기분은 어땠어?

아이가 질문에 답변을 했다면, 그 내용을 적절한 곳에 추가해 보게 하자. 아이의 글은 빼는 것보다 보태어 쓴다는 개념으로 지도해야 한다.

그런데 종종 질문에 답변을 하지 못하는 경우가 있다. "언제 했어?"라는 질문에 2학년인 아이가 "2학년 때 했어요."라고 대답한다. 예를 들면 '썰매를 타러 갔다'라는 문장이 '2학년 때 썰매를 타러 갔다'가 되는 것이다. 이는 적절한 부연 설명이 아니다. 따라서 이럴 때는 '며칠 전에 혹은 지난달에, 지난 학기에, 방학 때'와 같은 구체적인 시기로 표현을 바꾸어 쓰도록 알려 주어야 한다.

피아노 학원에서 피아노를 치는 도중에 갑자기 배가 너무 아파서 체르니 선생님께 배가 너무 아프다고 말씀드렸더니 선생님께서 내 배를 문질러 주셨다. 그러자 배가 거짓말처럼 싹 나았다.

글을 읽고 "피아노 학원에서 배가 아팠구나. 언제 그랬어?" 하고 물었다. 그러자 아이가 "2학년 때요."라고 대답했다. 내가 다시 "지금 2학년이잖아. 그럼 며칠 전에 있었던 일이야?"라고 물었더니, "아뇨 몇 달 전에요."라고 답하더니 글을 추가하였다. "그렇구나. 선생님이 어떻게 문질러 주셨어?" 하고 묻자 아무 말도 없이 잠시 후 아래와 같이 고쳐 놓았다.

몇 달 전에, 피아노 학원에서 피아노를 치는 도중에 갑자기 배가 너무 아파서 체르니 선생님께 배가 너무 아프다고 말씀드렸다. 그러자 선생님께서 내 배를 쓱쓱 문지르시며, "선생님 손은 약손, 지윤이 배는 똥배"라고 하셨다. 배가 거짓말처럼 싹 나았다.

사실 이 글에서 시기는 그다지 중요하지 않다. 하지만 자세히 쓰는 연습을 시키기 위해 물어보았다. "쓱쓱", "선생님 손은 약손, 지윤이 배는 똥배"라는 표현이 추가된 것만으로도 글의 맛이 한층 살아났다. 이처럼 질문을 통해 아이의 회상을 도와줄수록 글이 풍성해지고 세련되어진다. 그리고 이러한 경험이 쌓이다 보면 굳이 질문을 하지 않아도 저절로 풍부한 내용의 글을 쓸 수 있게 된다.

아이의 글을 지도할 때는 첨삭을 해줄 필요가 없다. 아이에게 직접 질문을 하여 스스로 고치게 하는 것이 가장 효과적이다. 스스로 고쳐 본 경험을 통해 글쓰기 능력이 향상되기 때문이다. 그리고 질문을 할 때도 요령이 필요하다. 먼저 질문의 수는 아이의 학년과 수준을 고려해서 정해야 한다. 지나치게 많은 질문을 하여 글을 고치게 하면 지치게 마련이다. 처음에는 한두 개의 질문이면 족하다. 익숙해졌을 때 질문을 서너 개로 늘려나가자. 하지만 아이가 곧잘 한다고 해서 질문을 지나치게 늘려서는 안 된다. 자칫 아이의 글이 아니라 지도하는 사람의 글이 되어 버릴 수 있기 때문이다. 그리고 저학년 때는 글의 내용에 집중하여 수정할 수 있도록 해야 한다. 문단이나 문장의 구조 등 형식적인 부분들은 학년이 올라가면서 글쓰기 능력이 좀 더 향상되었을 때 해도 늦지 않다.

6장

읽기 쓰기의 과도기,
다양한 활동으로 지루하지 않게
3학년

· 독서감상문 쓰기 정복 ·

3학년 적기글쓰기

떨어지는 글쓰기 흥미를
잡아 줘라

지식의 격차가 벌어지면서 차츰 글쓰기에 손을 떼는 아이들이 하나둘씩 늘어난다.
그러나 이러한 현실과 달리 공부해야 할 과목이 늘어나고 학습 내용이 방대해지면
서 글쓰기 능력은 점점 더 요구되며 중요해진다.

늘어난 학습량,
글쓰기에 대한 관심이 점점 사라진다

3학년은 이전 학년보다 사회와 과학 과목이 추가되면서 학습량이 크게 늘어난다. 학습 성과도 이 두 과목에 대한 흥미에 따라 달라진다. 그동안 사회 및 과학 관련 책들을 읽어 온 아이들은 수업에 흥미를 갖겠지만, 그렇지 않은 아이들은 그만큼 흥미를 붙이지 못할 가능성이 높다.

그렇다고 저학년 때 무리해서 아이에게 학습 도서를 읽힐 필요는 없다. 사회와 과학 교과서에 실린 내용들은 1, 2학년 국어와 통합 교과서에서 접했던 내용들이기 때문에 아주 생소한 것도 아니다. 또 이제 막 배움을 시작하는 시기이므로 지식이 얕더라도 즐겁게 학습하는 방법만 익힌다면 문제없다.

지식의 격차가 벌어지면서 차츰 글쓰기에서 손을 떼는 아이들도 하나둘씩 늘어난다. 1, 2학년 때까지만 해도 일기나 독서감상문을 곧잘 썼던 아이들조차 강제성을 띠지 않으면 글을 쓰려고 하지 않는다.

흔히 지식의 많고 적음이 글쓰기 능력을 결정짓는 것으로 생각하는 경향

171

이 있다. 하지만 지식이 많다 하여 글쓰기에 흥미를 갖는 것도 아니고 글을 자연스럽게 쓰는 것도 아니다. 글쓰기는 지식에 대한 욕구를 자극하고, 흩어져 있는 지식들을 정리하는 역할을 한다. 그래서 결국 학습 향상에 도움이 된다는 점은 이미 밝힌 바 있다. 글 쓰는 방법을 익히는 것은 학습 방법을 획득하는 것과 같다. 더구나 3학년 이후에는 공부해야 할 과목이 늘어나고 학습 내용이 방대해지면서, 글쓰기 능력이 점점 더 요구된다는 점을 간과해서는 안 된다.

| 글쓰기가 멈추면 사고도 멈춘다 |

저학년 때 글을 곧잘 써서 글쓰기 대회만 나갔다 하면 우승을 거머쥐던 선우는 3학년이 되자 자의 반 타의 반 글쓰기를 멈췄다. 생활이 바빠졌기 때문이다. 이제까지는 예체능 학원만 다니면 되었지만, 영어와 수학 등 각종 보습학원을 다니게 되면서 하루가 빡빡해졌다. 책도 잘 읽고 글쓰기도 곧잘 하자 선우의 부모님은 아이의 학습에 집중해야겠다고 생각한 것이다.

과제가 많은 보습학원의 일정은 밤 10시가 되어야 끝이 났다. 그래도 그동안 쌓은 문장력이 있어서 글쓰기 과제는 거뜬히 해결했다. 하긴 3학년쯤 되면 문장을 만들어 내는 데 큰 무리가 없기 때문에 한 편의 글을 스스로 완성할 수 있다. 그런데 시간이 지날수록 일기나 독서감상문조차 쓰는 게 버거워졌다. 결국 사회 숙제로 조사보고문을 쓰던 선우는 울음을 터뜨리고 말았다. 그제야 선우의 글쓰기 능력에 차질이 생긴 것을 알게 된 선우 어머니는 상담을 요청해 왔다.

3학년은 저학년 때와 달리 다양한 형식의 글쓰기를 경험한다. 내용이 풍부해져야 하는 것은 물론이다. 따라서 부모는 아이가 글쓰기에 흥미를 유지하고 꾸준히 할 수 있도록 각별히 살펴야 한다. 글쓰기는 노력하지 않으면, 더는 발전하지 않고 멈춰 버린다. 이와 동시에 사고력과 논리력, 생각하는 힘 역시 제자리에 머문다는 것을 알아야 한다. 자발적으로 글쓰기를 즐기기는 힘든 만큼 아이의 일정을 체크하여 책을 읽고 글을 쓸 수 있는 시간을 확보해 주어야 한다. 그리고 끊임없이 동기를 부여해야 한다. 아이와 함께 글을 쓰거나 아이의 글에 칭찬과 격려를 아끼지 않으며, 아이의 이야기를 신나게 들어주어야 한다.

| 친구와 함께할 때 효과도 올라간다 |

그동안 비슷한 성향의 아이와 놀았다면, 이제는 사회성이 크게 발달하면서 자신과 전혀 다른 성향의 아이들에게도 관심을 갖기 시작한다. 그만큼 친구의 폭이 넓어지는 것이다. 또한 저학년 때와 달리 집단으로 하는 활동적인 놀이를 좋아한다. 친구와 함께하는 놀이의 종류도 다양해지고 놀이 시간도 늘어나, 야구 같은 운동은 물론 자전거로 누가 공원까지 빨리 가는지 경주하거나 인라인 스케이트로 속도를 내거나 공기놀이의 다양한 기술을 연마하는 등 잠시도 쉬지 않는다.

활동적인 아이든, 정적인 아이든 모두 친구들과 함께하는 것을 좋아하여, 이 시기에는 모둠 활동이 효과적이다. 이러한 성향을 글쓰기에 적용해 보자. 친구와 함께 놀고 싶어 하는 심리를 글쓰기(학습에도 마찬가지다.)에 이용하는 것이다. 친구들과 모임을 만들어 함께 이야기를 나눈 뒤 글을 써보게 하거나, 친구와 함께 놀았던 일에 대해 발표를 시킨다. 이런 활동을 통해 글쓰기가 무척 재미있는 활동이라는 걸 인식시킬 수 있다.

> 어제도 자전거를 탔는데 나의 부탁으로 오늘도 자전거를 탔다. 자전거를 타면 운동도 되고 시원한 느낌이 들어서 정말 좋다. 누나랑 운동도 하고 자전거도 탔는데 1시간 밖에 지나지 않았다. 그런데 아버지께서 집에 들어가자고 하셨다. 누나와 나는 30분만 더 타자고 부탁을 했다. (후략…)

자전거를 타는 게 무척 신이 난 아이의 글이다. 이 글을 보면 자전거를 하루 종일 타도 지치지 않을 만큼 좋아하는 것을 알 수 있다. 아동 문학가 편해문은 『아이들은 놀이가 밥이다』라는 책에서 아이들은 놀아야 할 양이 정해져 있다고 말한다. 아이들의 놀이는 밥과 같아서 매일매일 놀이 밥을 먹어야 하며, 10년 동안 잘 논 아이라야 마음이 건강하다고 한다. 실제로 놀이를 통해 아이들은 관계와 규칙을 배운다. 어차피 신나게 놀아야 할 시기라면, 읽고 쓰는 활동도 친구들과 함께 놀이처럼 할 수 있는 방법을 강구해 보자.

아이가 글쓰기와 멀어지지 않도록 주의를 기울여야 할 때다. 얼마나 자주, 얼마나 깊이 생각하며 글을 썼는지가 곧 글쓰기 능력으로 이어진다. 이는 여러 방면에 효과적이라는 것을 이 책을 읽어 온 독자라면 이미 알고 있을 것이다.

설명문부터 독서감상문까지
글쓰기가 다양해진다

3학년 국어 교과서에서는 다양한 글쓰기를 다룬다. 편지글을 비롯하여 소개글 쓰기, 감상문 쓰기, 시 쓰기, 부탁하는 글쓰기를 배운다. 이때 가장 유념해야 할 점은 충실한 뒷받침 문장으로 중심 내용을 잘 드러내는 것이다. 자기 의견을 구체적으로 밝힐 수 있도록, 교과서에서는 알맞은 이유를 들어 글을 쓰도록 안내하고 있다. 상대에게 자신의 의견을 나타낼 때는 그 까닭이 분명하게 드러나야 설득력이 있기 때문이다. 독서감상문을 쓸 때도 자신이 읽은 책에서 가장 기억에 남는 장면을 쓴다면, 그것이 왜 기억에 남는지 설명해야 한다. 또 인물의 행동에 대해 문제를 삼는다면, 그 까닭이 무엇인지 밝혀야 한다. 이를 위해 그림이나 사진, 도표, 동영상과 같은 다양한 매체를 통해 자신의 생각을 효과적으로 전달하는 방법을 익힌다.

디지털 원주민이라는 아이들에게 컴퓨터나 스마트폰의 사용을 무작정 제한할 수는 없다. 제한보다는 제대로 활용하는 법을 지도하는 것이 더욱 현명하다. 4학년 교과서에서 컴퓨터를 활용해 자료 찾는 방법을 가르치는 것도 이러한 이유에서다. 컴퓨터를 검색해서 얻은 자료를 재구성하는 과제 역시 늘어나고 있는 추세다. 따라서 필요한 내용을 찾아 정리하는 방법을 알려 주되, 매체의 정보들을 무조건 맹신하지 않도록 가르쳐야 한다.

그리고 상대를 고려한 소통법을 배운다. 전화 예절 지키기, 어른에게 높임말로 편지 쓰기 등의 활동을 하며 인간관계의 예절을 익혀 나간다. 읽는 이를 고려한 글쓰기는 조화로운 사회 구성원이 되기 위한 기본 소양이기도 하다. 따라서 이 시기에는 문장이 비록 어설프더라도, 읽는 이가 잘 이해할 수 있도록, 읽는 사람의 입장을 생각하여 표현했는지에 중점을 두어 글쓰기를 지도해야 한다.

| 소개하는 글쓰기를 쉽게 시작하는 법 |

3학년 교과서에서 배우는 '소개하는 글쓰기'는 주로 인물이나 물건을 소개하는 글로, 대상의 특징을 적절한 낱말로 표현하는 것을 목표로 한다.

방학동안 한 일 중에 간직하고 싶은 지식은 '과일 깎는 법'이다. 별거 아닌 것처럼 보이지만 실제로 해보면 얼마나 어려운지 알 것이다. 우선 손을 쫙 악 벌려야 하고 과도를 네 손가락으로 잡아야 한다. 그리고 엄지 손가락을 깎으려고 하는 과일의 부분에 놓아야 한다. 그리고 힘을 적당히 주어야 한다. 너무 세게 잡으면 과도가 어긋나고, 너무 약하게 잡으면 과일이 떨어진다. '베이면 어떡하지? 하지 말까? 그냥 해 볼까? 아냐 다치면…' 딜레마에 빠지기도 했다. 쓱쓱쓱 깎는 것, 참 쉬워 보이지만 실제로 해보면 어렵다.

참외를 직접 깎아 본 경험을 바탕으로 과일 깎는 방법을 소개한 글이다. 소개하는 글쓰기는 일종의 설명문으로 아이가 직접 해본 일이나 알고 있는 바를 남이 이해하기 쉽게 풀어 쓰는 글이다. 교과서에는 인물 특히 친구나 책 속의 주인공, 아끼는 물건을 소개하는 방법을 안내하고 있다.

처음부터 바로 소개하는 글을 쓰기보다 장난감의 조립법이나 전자제품의 사용설명서를 바탕으로 문장으로 만들어 보게 하면 더욱 흥미를 느낀다. 예를 들어 라면 봉지에 적힌 라면 끓이는 순서와 방법을 읽게 한 뒤, 이를 풀어서 '라면을 맛있게 끓이는 방법'이란 주제로 설명문을 쓰게 하는 것이다. 요리법이 이미 순서대로 안내되어 있기 때문에 문장으로 만들 때 글의 순서를 고민하지 않아도 된다. 따라서 처음 설명문을 써보는 아이의 부담을 한결 덜어 줄 수 있다.

| 형식 파괴 독서감상문의 등장 |

3학년 쓰기 활동에서 두드러진 변화는 다양한 독서감상문의 형식을 제시한 점이다. 일기, 시, 편지, 만화, 광고 등 다양한 형식의 독서감상문을 보여 주면서, 독서감상문도 다양한 표현 활동이 가능함을 알려 준다. 독서감상문이 쓰기 힘들어 책 읽기를 꺼려하는 아이들에게 글쓰기 부담을 덜어 주려는 교육적 의도가 깔려 있다. 형식에 구애받지 않고 개성을 살린 독서감상문 쓰기 활동을 통해 억지로 쓰던 독서감상문에서 벗어나 흥미를 불러일으킬 수 있다.

게으름뱅이에게

-심동규

할 일을 미루면
게으름을 피우면
소가 된대요.

하루종일 일만 하고
"음매"라는 말만 하는
소가 된대요.

후회할 땐 이미 늦어요
어서어서 일어나요

– 3-1국어 교과서 중에서

전래동화『소가 된 게으름뱅이』를 읽고 쓴 독서감상문이다. 게으름을 피워서 소가 됐다는 책의 내용도 충실히 전달하는 한편, 소가 되면 일만 하게 되니까 어서 일어나라는 경고까지 해주고 있다. 시의 형식을 활용하여 더욱 재미있게 표현을 했다.

나영이에게

나영아, 수업 시간에 선생님께서 읽어주신 너의 글을 보고 부러웠어. 과학의 날에 썼던 너의 독서감상문은 최고더라. 그래서 나도 네가 읽었던 책『불이 나갔어요』를 읽어봤어. 정말 우리 동네에 불이 나갔다고 상상하니까 얼마나 불편할지 생각만으로도 끔찍했어. 그런 일이 일어나지 않으려면 에너지를 아껴 써야 하는데 나는 더운 여름에 에어컨을 너무 세게 틀었지 뭐야. 또 조금만 힘들어도 엄마에게 차로 학교에 태워 달라고 했었는데 내가 너무 한 것 같았어. 반성을 많이 했어. 네 덕분에 에너지를 절약해야겠다는 생각을 다시 하게 됐어. 고마워.

『불이 나갔어요』라는 책을 읽고 편지글 형식으로 쓴 독서감상문이다. 대부분 편지 형식에 맞춰 쓰느라 책에서 얻은 생각이나 소감을 쓰지 못하는 경우가 많은데, 이 아이는 책을 읽고 얻은 깨달음을 드러내고자 노력한 점이 보인다.

책을 읽고 감상을 남기는 까닭은, 작가의 의도를 깊이 이해하고 그 내용을 오래도록 기억하여 이를 삶에 적용하기 위해서다. 따라서 독서감상문은 형식이 아닌 기록을 남기는 행위가 중요하다.

넘치는 에너지를 주체하지 못하는 이 시기의 아이들을 붙잡아 둘 방법은 다양한 글쓰기, 색다른 방식의 표현 활동을 하게 하는 일이다. 꾸준히 자기 생각을 글로 표현해 볼 수 있도록, 지루하지 않게 다양한 방법을 제안해 주자.

판에 박힌 글쓰기에서
벗어나야 할 때

이 시기 아이들은 호기심이 왕성하고 활동량이 많아 다양한 활동을 즐긴다. 그만큼 같은 종류의 학습이나 놀이는 지루하게 마련이다. 글쓰기에 흥미를 붙이려면 같은 방식의 글쓰기는 지양해야 한다. 비록 일기나 생활문만 써도 되는 저학년보다 설명문과 독서감상문 등 쓰기 종류가 다양해졌다 해도 아이들에게는 똑같이 받아들여질 수가 있다. 게다가 부모의 간섭이 귀찮아지기 시작하면서 글쓰기 좀 잘하라는 부모의 잔소리에서도 벗어나고 싶어 한다. 그렇다면 어떻게 해야 할까? 잔소리도 식히고 지루함도 달랠 겸 글에 그림을 덧그리게 하거나, 만든 작품에 글을 써보게 하는 등 색다른 표현 활동을 권하는 것이 좋다.

글쓰기를 제외한 독후 지도의 대표적인 활동은 그림 그리기와 만들기다. 하지만 저학년 때 이미 많이 해본 것들이라 새로운 활동을 모색해야 한다. 북아트를 활용한 다양한 독후 활동을 해볼 수 있는데, 종이 한 장만 있어도 책을 만들 수가 있다. 책 만들기는 학교에서도 배우지만 인터넷 검색으로도 쉽게 배울 수 있다. 책을 읽고 등장인물에게 편지를 쓰거나, 읽은 책의 내용을 간추려 적은 작은 책 만들기로 창작의 즐거움을 선사할 수 있다.

아이가 좋아하는 사람이나 사귀고 싶은 친구에게 마음을 전하는 편지 쓰기도 권할 만하다. 먼저 편지는 쑥스럽지만 진심을 전하는 가장 효과적인 방법이라고 아이의 의욕을 북돋운다. 이때 편지만 쓰고 마는 것이 아니라, 편지지와 봉투도 직접 꾸며 보게 하면 더욱 즐거운 활동이 된다. 단 편지 쓰기는 누구나 손쉽게 시작하지만, 형식만 편지일 뿐 알맹이 없는 활동에 그칠 우려가 있다. 따라서 정작 하고 싶은 말이 무엇인지 생각해 본 뒤에 쓰게 해야 한다.

마음속 이야기를 편지로 쓰는 일은 어른에게도 참 어려운 일이다. 아이들은 더욱 서툴고 힘들 수밖에 없다. 일반적으로 책 속 등장인물에게 편지를 써보게 하는 것도 이 때문이다.

빨강 두건 아씨께

-'아씨방 일곱 동무'를 읽고-

빨강 두건 아씨 안녕하세요? 저는 얼마 전에 도서관에서 옛날 그림이 많이 그려져 있는 책을 발견하였습니다. 그 책을 펼쳤다가 아씨와 일곱 동무를 만나게 되었습니다. (…중략…) 저는 이 책을 읽고 바느질에 쓰이는 물건들을 잘 알 수 있었어요. 그리고 아씨의 일곱 동무가 저마다 하는 일이다 달라도 똑같이 소중하다는 것을 느꼈답니다. (후략…)

– 3-1 국어 교과서 중에서

『아씨방 일곱 동무』를 읽고 등장인물에게 쓴 글이다. 편지 형식이지만 책의 내용과 소감이 살아 있다. 편지글 형식의 독서감상문을 쓸 때는 책에서 읽은 내용을 충분히 살려서 하고 싶은 말을 전달할 수 있도록 지도해야 한다. 그런데 주인공에게 쓰는 편지글은 밋밋해지기 쉽다. 그래서일까, 간혹 다음과 같이 순수한 안부 편지로 바뀌는 일들이 종종 있다.

> 창진아 안녕? 나는 OO초등학교 3학년 OOO야. 넌 어떻게 지내니? 나는 잘 지내. 너 이제는 동수랑 친하게 되었지? 잘 한 거야. 앞으로도 그렇게 친하게 지내면 좋겠다. 우리 학교에서 운동회를 했는데 우리 팀이 이겼어. 너도 운동회를 해서 꼭 이기길 바란다. 그럼 안녕.

편지글 형식으로 써야 한다는 부담감 때문에 이렇게 의미 없는 글을 쓰고 말았다. 만일 내 아이가 이렇게 글을 쓴다면, 먼저 책의 내용에 대해 설명해 보게 한 뒤, 누구에게 어떤 말을 전하고 싶은지 물어보자. 가령 실의에 빠진 주인공을 위로해 주고 싶다거나, 무엇이든 잘하는 주인공이 부러워서 닮고 싶다는 등 하고 싶은 말을 담을 수 있도록 도와줘야 한다. 이때도 편지에 그림을 그려 넣거나 스티커를 붙이는 등 자유롭게 꾸며 보게 하면 더욱 재미있어할 것이다.

| 한 줄 쓰기의 힘 |

글쓰기는 생각할 기회를 갖게 하는 데 커다란 의미가 있는 만큼 부모는 글쓰기 경험을 늘릴 수 있는 방법들을 고안해 낼 필요가 있다. 그런데 글만 쓰라고 하면 "몇 줄 써요?" 하고 분량에 부담을 갖는 아이들이 많다. 이런 아이들에게는 사색을 돕는 짧은 글쓰기를 권해 보자.

아영이는 일 년 동안 매일 아침 등교하면서 본 것이나 생각한 것들을 적었다. 3학년 내내 등교하자마자 수첩을 꺼내 한두 문장씩 적은 것이다. 물론 담임선생님의 특별한 지도도 있었다. 학기 초 반 아이들에게 수첩을 한 권씩 나눠 주면서 "매일 아침 등교하면 이 수첩에 무엇이든 적어 보렴. 학교에 오면서 본 것이든 생각한 것이든 혹은 전날에 느낀 감정이든 무엇이든 좋으니 매일 한 줄씩 써보는 거야." 하며 과제를 내준 것이다.

글감은 특별한 것이 아니라 생활 속에서 보고 느끼는 것들에서 찾아야 한다. 그런데 바쁘게 하루를 보내다 보면 글감을 떠올리기가 쉽지 않다. 그럴 때 아침에 적어 둔 문장은 좋은 글감이 된다. 뿐만 아니라 나날이 똑같은 삶을 사는 것 같아도 사실은 어제와 다른 삶을 살고 있다는 것을 깨닫게 된다.

아이들이 글쓰기를 어렵고 힘들어하는 이유 중 하나는 많이 써야 좋은 글이라는 인식 때문이다. 그러나 얼마든지 짧은 한 줄 쓰기로도, 글쓰기 능력을 키울 수 있다. 다음은 아영이가 1년 동안 실천한 한 줄 쓰기 중 일부분이다.

3월 28일 문득 학교오던 길에 하늘을 봤다. 맑고 예뻤다. 우리 집이 하늘이면 좋겠다는 생각을 했다.

4월 9일 학교 정문 앞에 민들레 꽃 한 송이가 피어 있었다. 민들레꽃은 외롭겠다. 자기 혼자 피어 있으니까.

5월 27일 체육이 들어있는 날은 아침에는 피곤해도 학교에 오면 날개가 달린 것처럼 몸이 가볍다. 체육이 마술을 부렸나?

7월 9일 오늘은 기말고사! 갑자기 힘이 쭉 빠지며 눈은 쾡해지고 오늘 시험 어떨까? 잘 볼 수 있을까?

10월 31일 동생에게 도망쳐 나왔다. 귀여운 동생이지만 때론 나 혼자만의 시간이 필요해!

11월 14일 은행잎이 똑똑 떨어지는 것을 보니 이제 겨울이 오나 보다. 겨울 준비를 하는 부지런한 은행나무.

이렇게 꼬박 1년을 채운 수첩은 아영이의 역사가 되고, 추억이 되었다. 비록 한 줄이라도 쓰기 위해서는 일상에서 벌어지는 일들에 관심을 갖고 주의 깊게 살피며 고민하는 시간을 가져야 한다. 즉 글쓰기의 모든 과정을 연습하게 된다. 그러나 아이가 느끼는 글쓰기에 대한 부담감은 훨씬 적어 상대적으로 쉽게 실천할 수가 있다. 문방구에서 마음에 드는 수첩을 가족 수대로 구입해서 부모와 아이가 함께 해보는 것도 하나의 방법이다.

이를 발전시켜 한 줄 감사일기에 도전해 보는 건 어떨까. 매일 저녁 하루 동안 감사했던 일을 짧게 쓰는 것이다. 글쓰기 습관뿐만 아니라 긍정적인 사고와 높은 자존감을 가질 수 있다. 한때 미국의 유명 방송인 오프라 윈프리의 감사일기가 대중에게 알려지면서 감사일기 쓰기 열풍이 불었던 적이 있었다. 감사일기로 어린 시절에 받은 상처와 열등감으로부터 벗어날 수 있었다는 그녀의 이야기가 화제가 되었기 때문이다.

- 오늘도 거뜬하게 잠자리에서 일어날 수 있어서 감사합니다.
- 유난히 눈부시고 파란 하늘을 볼 수 있어서 감사합니다.
- 점심 때 맛있는 스파게티를 먹게 해주셔서 감사합니다.
- 얄미운 짓을 한 동료에게 화내지 않게 해준 저의 참을성에 감사합니다.
- 좋은 책을 읽었는데 그 책을 써준 작가에게 감사합니다.

위의 글은 오프라 윈프리의 감사일기 중 일부다. 감사일기의 핵심 역시 짧게라도 매일 쓰는 것이다. 감사일기는 워낙 널리 알려져 있어서 그 효과나 쓰는 방법을 굳이 설명할 필요가 없을 정도다. 하지만 그렇다고 모두가 감사일기를 쓰는 것은 아니다. 오프라 윈프리처럼 매일 한두 문장이라도 감사한 점을 찾아 정리할 수 있다면, 아이에게 귀중한 자산을 남겨 줄 수 있을 것이다.

독서감상문,
아이의 발달 속도에 맞는 책 선택이 우선이다

독서감상문은 책을 읽은 뒤 생각이나 느낌을 정리해서 쓴 글을 일컫는다. 독서감상문을 쓰게 하는 까닭은 읽은 책의 내용을 오래도록 간직할 수 있으며, 책을 읽고 알게 된 지식을 자기 것으로 만들어 생활이나 학습에 적용할 수 있기 때문이다. 독서감상문의 주요 목적은 글쓰기 능력의 향상이 아니다. 오히려 책을 꾸준히 읽게 하기 위해서이며, 독서 동기를 강화하고 유지하는 데 있다.

또한 독서감상문은 작가와 독자와의 관계를 두텁게 만들며, 자신의 생각을 정리하고 견고히 하는 데 도움을 준다. 그래서 독서감상문 쓰기를 그토록 권장하는 것이다.

독서록만 보면 속이 울렁거린다. 그래서 이제부턴 독서록을 가끔씩 봐야겠다고 생각했다.

솔직한 아이의 마음이 전해져서 웃음이 나다가도, 독서록에 대한 부담감 때문에 힘겨워했을 아이를 생각하니 안타깝다. 사실 대다수의 초등학생들이 학교에서 실시하고 있는 독서감상문 쓰기와 평가에 큰 부담을 안고 있다. 독서감상문이 쓰기 싫어서 책 자체를 기피하거나 단지 숙제를 하기 위해 분량이 적고 쓰기 편한 책만 골라 읽는 등 이로 인한 부작용도 만만치 않다. 심지어 검사를 하지 않으면 독서감상문은 커녕 아예 책조차 읽지 않는다.

그도 그럴 것이 독서감상문을 쓰기란 생각보다 쉽지 않다. 그래서 교과서에서도 시나 편지, 광고 등 다양한 형식의 독서감상문 쓰기부터 시작하도록 안내하고 있다. 무엇보다 독서감상문의 핵심은 독자의 수준에 맞는 책을 읽는 것이다. 그래야 책을 온전히 이해하고 독서의 즐거움을 느낄 수 있다. 이것이 독서감상문 쓰기의 첫 번째 조건이다.

'오만과 편견'이라는 책은 주인공인 다시와 엘리자베스의 사랑이야기를 담은 책이다. 다시와 엘리자베스가 결혼을 하는 과정에서 부자인 다시의 오만과 엘리자베스의 편견이 잘 드러나는 이야기이다. 나는 이 책에서 나온 다시와 엘리자베스를 보면서 이들과 다르게 살고 있는지 생각해 보았다. 나도 나보다 못난 사람을 대할 때 약간 무시하는 것 같다. 못생긴 사람을 보면 비꼬듯이 놀리고 키 작은 사람이 있으면 키 좀 크라고 놀렸었다. 이 책을 읽고 오만한 성격과 편견을 깨고 싶은 생각이 들었다.

『오만과 편견』은 고학년이 읽어도 이해하기 어려운 책이다. 3학년이 과연 이 책을 어떻게 읽었을까 의문스럽다. 그래서일까, 아이의 글은 오만과 편견이라는 낱말의 사전적 의미에 의존하고 있다. 아이 수준에 맞는 책을 읽어야 독서감상문도 제대로 쓸 수 있다.

물론 책을 잘 이해했다고 해서 독서감상문을 술술 쓸 수 있는 것은 아니다. 부모는 아이가 읽은 책의 내용을 자기 것으로 만들 수 있도록 도와야 하고, 책을 읽으면서 느꼈던 것들을 표현할 수 있도록 해야 한다. 성인은 책을 읽으면서 이해가 안 되는 부분은 반복해서 읽기도 하고, 기억에 남는 장면을 재확인하며 그 부분이 왜 좋았는지 고민도 해보는 등 기억을 돕는 전략들을 쓸 수 있다. 하지만 아이들은 그렇지 못하다. 읽기 방법을 배운 적도 없거니와 책 읽기 경험이 적은 아이들은 어떤 방법이 읽기에 도움이 되는지 알 수 없다. 그나마 흥미로운 책은 반복해서 보지만, 어렵다 싶으면 빨리 해치워 버리고 싶은 게 솔직한 심정이다. 따라서 책이 너무 어렵지는 않은지, 주제는 잘 파악하고 있는지, 인물에 대해 어떤 느낌이 드는지, 책에서 알려 주는 지식에 대해 새롭게 생각한 바가 있는지 등에 대해 말할 기회를 주어야 한다. 이때 아이가 하는 말을 잘 들어주기만 해도 아이는 스스로 생각을 정리해 간다.

또한 아이들은 아직 책의 내용을 현실과 연결하는 데 미숙하다. 즉 책을 읽고도 책에서 읽은 내용과 현실을 별개로 생각하는 경향이 있다. 책에서 얻은 바를 자신의 현실에 적용할 수 있어야 진정한 책 읽기라고 할 수 있다. 부모는 다음의 질문을 통해 이를 도울 수 있다.

- 이 책의 주제와 관련된 일들을 우리 주변에서 찾는다면, 어떤 것들이 있을까?
- 책에서 일어난 일들이 실제로 우리 세상에 일어난다면, 어떤 문제가 생길까?
- 책에서 말하는 좀 더 좋은 세상을 만들기 위해서 할 수 있는 일들은 어떤 것들이 있을까?
- 만일 네가 주인공처럼 행동한다면 주위 사람들이 뭐라고 할까?

이와 같은 질문들은 책의 내용을 현실과 연관 지어 생각해 보게 한다. 책의 내용을 자기 것으로 만들 수 있어야 제대로 된 책 읽기라고 할 수 있다. 자연히 독서감상문 쓰기도 쉬워진다.

| 읽은 내용을 정리만 잘해도 지식이 늘어난다 |

3학년 아이들의 독서감상문이 1, 2학년 때의 것과 확연히 다른 점은 지식책을 읽고 쓴 내용이 많아진다는 것이다. 사회와 과학 과목을 배우게 되면서 새로운 지식에 대한 흥미가 늘어나기 때문이다.

사람은 보통 하루에 약 1.5킬로그램의 음식을 먹고 2.3킬로그램의 물을 마시는데 공기는 무려 10배를 더 마셔야 한다. 공기는 대부분 질소, 산소로 구성되어 있다. 대기 오염의 원인은 매연 방지시설을 갖추지 못한 조그만 공장에서 얌체처럼 조금씩 매연을 내뿜고 있어서다. 하지만 지금은 각 공장마다 매연방지 시설을 갖추고 있어서 그나마 공장 매연은 쬐끔 줄어 들었다. 하지만 자동차가 내뿜는 배기가스가 대기오염의 강력한 주원인으로 등장했다. 환경을 위해 밥을 먹다가 남기지 않고 없어서 못 먹는 사람들을 생각하며 남김없이 먹겠다.

과학을 좋아해서 평소 과학 도서를 즐겨 읽는 아이의 독서감상문이다. 대기오염을 염려하던 내용이 끝에 가서는 밥을 남기지 않고 먹겠다고 마무리되는 바람에 부자연스러워졌지만, 대기오염을 막기 위해서는 환경을 보호해야 한다며 적절하지는 않아도 나름 문제에 대한 해결책을 제시하려고 한 점이 기특하다.

이 글은 소감보다는 책을 읽고 알게 된 지식을 정리했다는 점에서 의미가 있다. 지식 책을 읽고 쓰는 독서감상문은 내용 정리만 잘 해도 새로운 지식을 얻을 수 있다. 한번 정리해 봄으로써 책 속에 있는 지식을 자신의 것으로 만들 수 있는 것이다.

| 읽은 책은 다 다른데, 왜 독서감상문은 똑같을까? |

글쓰기가 좋아서 자발적으로 글을 쓰는 아이는 드물다. 아이들이 글을 쓸 때는 대부분 과제가 있을 때다. 쓰기 동기가 미약하다 보니 억지로 쓰는 경우가 많다. 다음은 글쓰기 흥미를 잃은 아이들이 인물 이야기를 읽고 쓴 독서감상문에서 첫 문장과 마지막 문장만 모아 놓은 것이다.

첫 문장 ─────────────────────────────

- 나도 여기에 나오는 화가처럼 그림을 잘 그리고 싶다.

- 나도 여기에 나오는 주인공처럼 공룡화석을 발견하고 싶다.

- 나도 여기에 나오는 얌전이처럼 공부를 열심히 해서 씨짱을 이기고 싶다.

마지막 문장 ─────────────────────────

- ~나도 광개토대왕처럼 성을 많이 빼앗고 싶다.

- ~나도 김유신처럼 지혜롭고 머리가 좋았으면 좋겠다.

- ~나도 드뷔시처럼 음악가가 되고 싶다.

얼핏 보면 괜찮아 보이는 예시들이다. 하지만 자세히 들여다보면 전형적인 독서감상문 형식에 맞춰 쓴, 자신의 생각이 빠진 글임을 알 수 있다. 올바른 독서감상문 쓰는 법을 배우지 못한 결과물일 수도 있다. 쓰라고 하니 이렇게 쓴 것이다.

인물 이야기를 읽고 쓴 독서감상문에서 가장 많이 등장하지만 가장 잘못된 문장을 꼽으라면, 위와 같은 '내가 만약 ○○○라면 ~, 나도 ○○처럼 ○○

하고 싶다'는 표현이다.

앞의 글을 예로 들면 21세기를 사는 3학년 어린아이는 절대로 광개토대왕처럼 성을 빼앗을 수 없다. 또 그럴 필요도 없다. 대체 빼앗을 수 있는 성이 어디에 있는가. 가령 '광개토대왕의 결단력을 배운다면 축구 경기를 할 때 슛을 더 많이 날릴 수 있을 것이다'라고 했다면 괜찮았을 것이다.

또한 독서감상문은 책을 잘 읽는 것이 목적인 활동이다. 따라서 쓰는 행위보다 책 읽는 데 더 많은 시간을 들여야 한다. 제대로 읽지 않으면 아래와 같은 독서감상문을 쓰게 된다.

어떤 아이가 있었는데 그 아이를 친구들이 땅꼬마라고 불렀다. 그 아이는 선생님과 친구들을 무서워했다. 그래서 친구가 없었다. 혼자 떨어져 앉아 있고 도시락도 채소 잎으로 싼 주먹밥을 가져왔다. 비올 때면 도롱이를 입고 학교로 왔다. 6학년이 되어 학예대회에 나가서 까마귀 소리를 내고 6학년 졸업식 때 반에서는 까마귀소년만 상을 받았다.

『까마귀 소년』이란 책을 읽고 쓴 것으로, 원래 책의 내용은 외톨이 소년이 선생님의 조력에 힘입어 자신의 재능을 발견하고 자존감까지 획득한다는 이야기다. 책의 주제를 찾지 못하다 보니 따돌림을 당했던 아이가 졸업식 때 상을 받았다는 내용에 그치고 말았다.

다다는 정말 좋겠다. 과거로 온 덕분에 유관순 언니도 만나 태극기도 만들고, 김구 선생님도 만나고 나도 엄마와 할머니가 없을 때 과거로 가서 유관순 언니도 만나보고 싶다. 난 독립기념관을 가서 태극기 나무에서 사진을 찍었다. 영화도 보았다. 나는 태극기를 소중히 다뤄야겠다는 생각을 했다. 왜냐하면 태극기는 1919년 3월 1일에 만들어졌기 때문이다.

『상자 속의 태극기』를 읽고 쓴 글이다. 태극기를 소중히 다뤄야 하는 까닭이 1919년 3월 1일에 태극기가 만들어졌기 때문이라고 말한다. 태극기가 만들어진 시기가 잘못되었다. 아마도 유관순 열사가 밤새워 만든 태극기를 사람들에게 나누어 주었다는 이야기를 잘못 이해한 것 같다. 대충 읽으니 잘못된 사실을 쓰고 말았다.

독서감상문을 쓰는 이유는 잘 읽기 위해서라는 것을 유념하며 부모는 아이가 읽기에 좀 더 시간을 들일 수 있도록 지도해야 한다.

독서감상문을 쓰라고 하면 아이들은 마치 판에 박힌 듯한 글을 써낸다. 이를 방지하기 위해서는 책을 읽고 난 뒤 생각이나 느낌, 감동적인 부분 등을 자유롭게 표현할 수 있도록 도와줘야 한다.

앞에서 알려 준 방법들을 적극 활용하여 책을 읽고 떠오른 것들을 표현해 보는 즐거움, 그리고 막연했던 감정이나 깨달음들이 정리되어 가는 즐거움을 선사해 보자. 그럼에도 여전히 글쓰기를 두려워한다면, 쓰기를 강요하기보다 책의 내용에 대해 우선 충분히 이야기하는 시간을 가져야 한다. 아이가 생각을 자연스럽게 표현하게 되었을 때 이를 글로 담을 수 있도록 도와주자.

+ 7장 +

생각이 빠진 글쓰기를
조심해야 하는
4학년

· 시 쓰기 정복 ·

4학년 적기글쓰기

아이의 글을
의심하라

교과 내용은 어려워지고 학원에 다니는 시간이 늘어나면서 아이들은 몸도 마음도 바빠진다. 그러다 보니 무성의한 글들이 등장하기 시작한다. 글쓰기를 권하는 까닭은 생각하는 훈련을 쌓기 위해서다. 그런데 이러한 글쓰기 방식이 반복될 경우, 대충 생각하는 습관이 생길 우려가 있다. 부모의 주의가 필요한 시기다.

대중 생각하며
읽고 쓰는 아이들

4학년 아이들은 일견 학교생활은 물론이고, 친구 관계도 능숙해져서 제법 안정적으로 보인다. 하지만 교실 분위기는 사춘기가 막 시작된 아이들로 살짝 들떠 있다. 연예인 사진으로 도배한 스마트폰을 끼고 다니며 연예 기사에 빠삭한 아이가 있는가 하면, 이성에 관심을 갖기 시작하는 아이가 있고, 심지어 커플링을 교환한 아이까지 있다. 또 샌님처럼 내성적인 아이가 있는가 하면, 개그맨을 흉내 내어 친구들의 시선을 끌려는 아이가 있는 등 교실 안은 정말 다양하고 개성 넘치는 아이들로 북적인다.

| 차라리 쓰지나 말지 |

자기중심적인 사고에서 벗어난 아이들은 자기들만의 문화를 만들고 유지하기 위해 시간을 들인다. 부모의 절대적 영향에서 벗어나 친구들과의 관계를 통해 사회화 과정을 겪는 시기가 바로 이때다. 그만큼 또래들과의 시간을 무척 중요하게 여긴다.

동시에 교과 내용이 어려워지고 추론 및 논리적 사고를 요하는 학습이 증가하는데다 학원에 다니는 시간이 늘어나면서 아이들의 학업 스트레스가 높아진다. 머리도 몸도 바빠진 아이들은 어느 것 하나에도 집중할 수가 없다. 글쓰기 과제도 줄어들어 반드시 글을 써야 한다는 의무감이나 책임감도 사라지고 없다. 그러다 보니 아래와 같은 무성의한 글이 4학년 아이들의 일기에서 종종 목격된다.

오늘 수영장을 가기로 했다. 튜브, 수영복, 수건, 썬크림 등 챙기고 고고 우우우우 우와아아아아앗 놀잣! 노는 중. 와아아아 까아 첨벙 아 이제 그만 놀고 외식 냠냠 끝

하루 일기를 '우우우, 와아아아'로 채웠다. '이렇게 쓸 거면 차라리 쓰지나 말지.' 하는 생각이 들 정도다. 이와 좀 다르지만 유사한 형태의 일기도 등장한다.

하루만 있으면 기말고사, 즉! 내일이면 자유의 몸이 된다. 어디보자…국어

ok 수학ok 과학ok 사회ok 영어ok 됐다. 다시 한 번 훑어보자. 시 도의회…
원산지…yes 한살이…부피…yes 영어는 에잇 모르겠다. 패스! 시험공부
끝~ 하아암 졸리다. 시험공부 이걸로 내년까지 ㅂ2ㅂ2 졸려서 이만~

일기를 빨리 쓰려고 하다 보니, 제대로 된 문장은커녕 말줄임표와 축약어만 남발한 상태다. 외국어를 섞어 쓰거나 별도의 기호를 곁들이는 것은 아이들에게 표현의 색다른 즐거움을 주기 때문에 적당한 선에서 허용해도 괜찮다. 하지만 전반적으로 성의 없는 글임에는 분명하다.

글을 곧잘 썼던 아이가 갑자기 이런 현상을 보인다면, 너무 바빠진 것은 아닌지 살펴볼 필요가 있다. 글쓰기를 권하는 것은 생각하는 훈련을 쌓기 위해서다. 그런데 이러한 글쓰기 방식으로 버릇을 들이면 대충 생각하고 읽고 쓰는 일명 '대충병'에 걸리기 쉽다.

조금씩 사춘기로 접어드는 아이, 자신의 역사에 관심을 갖다

"과연 내 아이가 나이에 맞게 잘 성장하고 있는 걸까?"

이는 세상 모든 부모의 관심사일 것이다. 내 아이가 잘 자라고 있는지, 다른 아이들보다 뒤처지는 건 아닌지 늘 노심초사다. 그러다 보니 정작 자녀의 성장에 따라 부모의 역할도 달라져야 한다는 너무나도 당연한 사실을 놓치곤 한다. 그 결과 필연적으로 자녀와 충돌하게 된다.

자녀가 4학년쯤 되면 이제 자신의 일을 스스로 선택하고 결정하며, 책임질 수 있도록 해야 한다. 여전히 어린애 취급을 하여 부모의 틀에 가두면 자립하려는 아이와 충돌이 생겨 관계만 나빠질 뿐이다. 자신의 능력을 세상에 확인해 보고 싶어 하는 아이를 그대로 인정하고 존중해 줘야 한다. 그래야 부모와 자녀의 관계도 돈독해진다.

한때 유행했던 공익광고 카피 중 "부모는 멀리 보라 하고 학부모는 앞만 보라 한다. 학부모는 학생을 만들고 부모는 사람을 만든다."는 내용이 있었다. 그때 이 카피를 보고 뜨끔했던 부모들이 많았을 것이다.

아이를 내 편으로 만들기 위해서는 먼저 마음을 열어야 한다. 그리고 공동의 관심사를 만들어 사춘기 이후 자칫 단절될 수 있는 소통의 통로를 만들어야 한다. 사춘기에 접어들면서 아이는 자아 정체성에 혼란이 생기게 마련이다. 이때 부모님의 결혼 스토리, 자신의 태몽 이야기처럼 우리 가족만 아는 이야기를 나누고 글로 써보는 활동은 매우 큰 의미를 가진다.

아빠와 엄마는 1999년 겨울이 막 시작되던 11월에 친구의 결혼식에 참석한 자리에서 처음 만나셨다. 엄마는 신부의 친구였고, 아빠는 신랑의 친구였단다. 그 뒤에 몇 번 만남을 가지면서 자연스럽게 연인이 되었는데 짧은 시간에 엄마 아빠는 서로를 많이 사랑하게 되었단다. 드라마나 영화처럼 특별한 사랑은 아니었지만, 평범하고 잔잔하며 깊은 사랑을 하셨단다. 엄마가 아빠와 결혼을 결심하게 된 것은 아빠의 자상함 때문이라고 하신다. 또 아빠는 엄마가 천사처럼 예뻤다고 하신다. 그 당시 아빠가 안경을 쓰셨나? 나는 진짜 천사 같은 부인을 얻을 것이다.

　부모님으로부터 들은 이야기는 아이에게 가족에 대한 결속력을 갖게 하고, 자신의 역사를 확인하게 한다. 그리고 위의 글처럼 글쓰기의 훌륭한 소재가 되기도 한다. 우리 가족만의 이야기는 남에게 털어놓고 싶은 마음을 저절로 불러일으키기 때문이다. 이때 부모는 자신의 사랑 이야기를 살짝 미화하여 들려주어도 좋을 것이다. 엄마 아빠도 드라마 같은 사랑을 나누었다고 하면, 이제까지 시시해 보이던 부모님이 조금은 달라 보이지 않을까?

　우리 족보는 매우 신기하다. 나에겐 아빠, 엄마가 있고 외삼촌과 이모가 있고 삼촌과 고모가 있다. 아빠, 엄마 둘이 다 첫째여서 내가 내 사촌동생보다 당연히 외할아버지와 외할머니께 이쁨을 받는다. 친할머니에게도 말이다. 그리고 외할머니는 외할머니 형제 중 첫째다. 외증조 할머니가 자식을 많이 두셔서 심지어 엄마와 한 살 차이 나는 엄마 외삼촌도 있다. 그리고 나에게는 증조 할머니도 두 분 계신다. 한 분은 외할머니 엄마, 친할아버지 엄마다. 그런데 외증조 할머니는 친할아버지가 돌아가셔서 친할머니와 연락이 끊겨 버렸다. 나에겐 내가 세 살 때 돌아가신 고조할머니도 있다.

　4학년 남자아이의 글이다. 족보를 본 뒤 가족의 뿌리를 알게 된 아이가 가족 계보를 글감으로 썼다. 이 글을 보면 부모님의 형제부터 증조할머니, 이미 돌아가신 고조할머니까지 가족의 계보가 그려진다. 다만 족보가 신기하다고 했는데, 어떤 점에서 신기한지에 대해서도 썼더라면 더욱 풍성한 글이 됐을 것이다. 이러한 글을 쓰며 아이들은 가족 안에서 자신의 존재를 확인하고 소속감과 안정감을 갖는다.

어느 날 아이가 뜬금없이 "엄마, 난 태몽이 뭐야?" 하고 물을 때가 있다. 아마 읽고 있는 위인전에서 태몽 이야기가 나왔으리라.

"위대한 인물들은 하늘에서 별이 떨어지거나 용이 하늘을 날아오르는 범상치 않은 꿈을 꾸고 태어났다는데, 내 태몽은 뭐야?"

아이가 궁금해하는 게 당연하다. 태몽은 각국의 문화에 따라 해석이 다르지만, 특히 우리나라는 태몽에 특별한 의미를 두기 때문에 무시할 수 없는 이야깃거리다. 자신의 태몽을 늘 마음속에 품고 사는 것은 아니지만, 아이들은 문득 한 번씩 떠올리며 이야깃거리로 삼거나 혼자서 뿌듯해한다. 별것 아닌 것 같지만, 태몽 이야기는 아이가 자신의 존재 가치를 깨닫고 자아 정체성을 확립하는 데 영향을 미친다. 그러니 만일 아이의 태몽이 없거나 드라마틱하지 않을 경우 멋지게 포장을 해보는 것도 괜찮다. 태몽 이야기를 한 뒤에는 "태몽 때문일까? 네가 태어나고 우리 집이 더 행복해지고 웃음도 많아졌어." 하는 말을 덧붙인다면 더욱 좋을 것이다. 어떤 엄마는 어린아이도 아닌 4학년이나 된 자녀에게 해주기엔 낯간지러운 말이라고 할지도 모르겠다. 하지만 아이뿐만 아니라 엄마도 이야기를 하는 사이 가슴이 따뜻해지는 것을 느낄 것이다. 이러한 감동의 순간들은 아이의 마음 한 구석에 자리 잡고 있다가 살아가면서 힘들고 지칠 때마다 헤쳐 나갈 힘이 되어 준다.

정확하게 생각을 표현하는 것이
중요해진다

4학년 국어 교과에서는 문장의 종류와 문단의 구조를 배우는 비중이 커진다. 같은 문장이라도 상황에 따라 의미가 어떻게 달라지는지 정확하게 표현하도록 하기 위해서다.

문장의 종류로는 '설명하는 문장, 느낌을 표현하는 문장, 무언가를 묻는 문장, 무엇을 하도록 시키는 문장, 함께하기를 요청하는 문장' 등을 배운다. 또한 온점, 느낌표, 물음표와 같은 문장 부호의 의미를 문장의 종류에 따라 적절하게 사용할 수 있도록 가르친다. 같은 문장이라도 상황에 따라, 전달하고자 하는 의도에 따라 의미가 달라지기 때문에 문장 부호를 적확하게 써야 한다.

문단의 의미와 구조에 관해서도 상세히 안내되어 있다. 문단은 중심 생각을 나타내는 중심 문장과 중심 문장을 설명해 주는 뒷받침 문장으로 이루어져 있다는 것을 배운다. 그리하여 좀 더 짜임새 있는 글쓰기 방법을 알려 주고 있다. 글을 읽을 때 문단의 짜임을 알고 읽으면 내용 파악에 도움이 되듯이, 글의 짜임을 알고 쓰면 생각을 보다 잘 표현할 수 있다.

| 정확한 어휘 사용이 강조되다 |

4학년 교과서에는 국어사전 활용법이 한 단원을 차지하고 있다. 먼저 낱말의 종류를 배운다. 사물의 이름을 나타내는 명사, 사물의 움직임을 나타내는 동사, 사물의 성질이나 상태를 나타내는 형용사의 의미를 알려 준다. 그리고 이러한 품사가 문장 안에서 어떤 역할을 하는지 연습을 통해 활용법을 익히도록 한다.

또 낱말의 기본형을 배운다. '먹다'를 기본형으로 하는 낱말이 '먹는다'와 '먹었다', '먹으니', '먹겠다'로 바뀌는 꼴을 보여 주면서 낱말의 기본형을 설명한다. 사전에서 어휘를 찾으려면 낱말의 기본형을 알아야 하기 때문이다. 사전 찾기를 통해 어휘를 정확하게 사용하도록 하고 있다.

사전 찾는 법을 가르치다 보면, 인터넷이나 전자사전을 사용하면 된다고 이야기하는 아이들이 있다. 그토록 쉬운 방법이 있는데, 왜 그런 번거로운 과정을 거쳐야 하냐는 것이다. 하지만 종이 사전만이 갖고 있는 교육적 가치는 이에 비할 바가 아니다. 종이 사전으로 단어를 찾다 보면 자연히 '초성, 중성, 종성'의 순서를 익히게 되어 낱말의 짜임을 터득할 수 있다. 또한 낱말에 맞는 예시 문장과 그 낱말을 둘러싼 새로운 지식들도 접할 수 있으며, 그 낱말의 반의어와 유의어를 비롯해 다양한 쓰임새도 얻을 수 있다.

동음이의어나 다의어의 경우, 제시되는 여러 개의 뜻 중 찾고 있는 낱말의 정확한 뜻이 무엇일지 추론해 볼 수도 있다. 무엇보다 사전을 뒤지다 보면 찾는 낱말을 끊임없이 되새기게 되어 기억력이 높아진다.

종이 사전의 활용도를 높이기 위해서는 우선 학년에 맞는 적절한 사전을 준비해야 한다. 사전의 위치 또한 중요한데, 장식물로 전락하기 쉽기 때문에 책꽂이보다는 거실이나 주방 식탁처럼 눈에 잘 띄는 곳에 비치한다. 그래야 궁금한 것이 떠오를 때마다 찾아볼 수 있기 때문이다. 만약 형제가 있다면 제시하는 낱말을 누가 먼저 사전에서 찾는지 게임을 하여 흥미를 유발하는 것도 좋은 방법이다.

| 지식과 정보의 활용법을 익혀야 할 때 |

4학년 아이들은 '조사보고문, 제안하는 글쓰기, 주장하는 글쓰기'를 배운다. 그리고 이러한 글쓰기에서 인터넷 활용은 거의 불가피하다. 인터넷에서 자료를 검색하는 일은 초등학생들에게도 아주 자연스러운 일이 되었다.

이를 위해 교과서에서는 컴퓨터를 사용하여 글 쓰는 방법을 안내하고 있다. 시대적 흐름에 발맞춰 학교에서도 텔레비전, 인터넷, 휴대 전화의 바른 사용법을 가르치고 있는 것이다. 뿐만 아니라 매체를 활용해 자료를 조사한 후 학교 누리집에 과제를 올리도록 하고 있다.

컴퓨터는 인터넷 검색이 가능할 뿐 아니라 다양한 편집 기능도 있어서 보다 완성도 높은 글쓰기를 할 수 있다. 이러한 기능을 활용하면 협력 학습의 결과물이나 체험 학습 보고서를 효율적으로 쓸 수 있다. 저학년 때부터 해왔던 체험 학습 보고서는 일반적으로 다녀온 장소와 본 것, 느낀 것을 정리한 후 사진을 붙이는 형식이었다. 하지만 컴퓨터 활용 능력이 생기면 좀 더 다양하고 짜임새 있게 작성할 수 있다. 무엇보다 지식이나 정보를 검색하여 보다 풍성한 내용의 보고문을 만들 수 있다. 아이들의 대표적인 체험 학습 장소는 박물관이나 고궁이다. 그곳에 가면 관람을 돕기 위한 안내판의 내용을 수첩에 적거나 스마트폰으로 촬영하느라 바쁜 아이들을 볼 수 있다. 정작 봐야 할 것은 보지 않고 보고문을 쓰기 위한 작업에만 열중하는 안타까운 일이 벌어지고 있는 셈이다.

견학 장소에서는 최대한 눈으로 보고 가슴으로 느껴야 한다. 안내되어 있는 글은 인터넷을 통해서도 충분히 얻을 수 있는 정보들이기 때문에 생생한 현장을 느끼고 올 수 있도록 해야 한다. 이것이야말로 효과적인 체험 학습 방법이라고 할 수 있다.

이제 인터넷은 학습의 중요한 도구가 되었다. 문제는 이러한 매체를 자주 사용하다 보니 아이들의 글에 인터넷 신조어와 축약어가 많이 등장한다는 것이다. 이러한 한글 파괴 현상은 확장된 사고를 방해하고 문장력을 약화시키는 원인이 되므로 가능하면 쓰지 않도록 해야 한다. 또 깊이 사고하여 쓴 글보다는 점점 인터넷 정보를 그대로 복사해서 쓰는 경우가 많아지는데, 글쓰기 윤리에 어긋난다는 점을 반드시 일러 줘야 한다. 인터넷을 적극적으로 활용하되 올바로 사용할 수 있도록 사전 지도가 반드시 필요하다.

| 자기만의 생각을 만들어 나가야 한다 |

제안하는 글쓰기는 문제에 대한 타당한 근거가 무엇인지 혹은 제안의 가치가 분명한지를 판단하여 해결책을 제시하는 글쓰기다. 또 근거를 들어 의견을 드러내는 글쓰기 역시 근거가 명확하고 타당해야 하며, 가치 있는 의견이어야 한다. 4학년 교과서에서 이러한 글쓰기를 배우는 까닭은 논리적으로 따지기를 좋아하며 자신의 의사 표현을 할 수 있는 시기와 맞물리기 때문이다.

4학년은 독서 토의 및 토론 활동이 아주 효과적인 시기이기도 하다. 왜냐하면 수학과 물리적 기능을 관장하는 두정엽이 발달하면서 서서히 논리적이고 비판적인 사고가 발달하기 때문이다. 또 언어와 청각 기능을 관장하는 측두엽의 발달로 읽기, 듣기, 말하기, 쓰기와 같은 언어 교육에 집중해야 하는 시기이기도 하다. 책을 읽고 주제에 대해 서로 이야기를 주고받는 과정에서 논리적인 사고뿐만 아니라, 기본적으로 읽기, 말하기, 듣기 활동도 기를 수 있다. 즉 토의 및 토론은 이 시기 두뇌 발달에 매우 효과적인 방법인 것이다.

무엇보다 독서를 통한 토의나 토론을 권하는 까닭은, 아직 지식이나 경험이 부족한 탓에 특정 주제에 대한 자기만의 생각을 바탕으로 의견을 주고받기에는 무리가 있기 때문이다. 가령 이제껏 우리 사회의 문제들에 대해 전혀 관심 없던 아이가 갑자기 '복지 제도의 필요성'에 관한 주제로 토의를 한다고 했을 때 할 수 있는 이야기는 거의 없을 것이다. 그런데 책을 읽게 되면 배경지식을 습득할 수 있고, 또 이를 바탕으로 자기만의 생각을 가질 수 있다. 토론은 이러한 생각을 펼쳐 보기도 하고 다른 사람들의 다양한 의견을 듣기도 하면서, 자신의 생각을 수정하고 보완하는 기회가 된다. 자기만의 생각에 빠지는 독선과 아집을 방지하고 합리적인 문제해결력을 기를 수 있는 것이다. 토론 전후에 주제와 관련한 글쓰기를 해보는 것도 좋은 방법이다. 생각을 정립해 나가는 데 도움이 된다.

아직은 머릿속에 지식을 담는 시기로, 보유한 지식이나 경험이 그리 많지 않기 때문에 생각이 얕을 수밖에 없다. 따라서 가능한 한 많이 읽고, 많은 이야기를 나누며, 생각을 글로 정리해 보는 기회를 자주 가져야 한다.

디지털 기기,
올바른 활용법을 가르쳐라

"부순 휴대 전화만 벌써 세 개째예요." 아이와 대화 자체가 안 된다며 승민이 어머니는 깊은 한숨을 내쉬었다. 초등학교 3학년 때 스마트폰을 사준 뒤로 중독에 가까울 정도로 스마트폰에 집착하더니 이제는 전혀 소통이 이루어지지 않는다는 것이었다. 처음에는 저러다 말겠지 생각했지만, 나아지기는커녕 점점 더 심해지더니 이제는 스마트폰을 못하게 하면 광적으로 신경질을 부린다고 했다.

이는 비단 승민이만의 문제가 아닐 것이다. 곳곳에서 스마트폰의 부작용이 발생하고 있다. 어쩌면 스마트폰이 문제를 부추겼을 뿐, 그 이전부터 아이는 부모가 자기를 몰라준다는 생각을 갖고 있었을 수도 있다. 그리고 스마트폰이 생기자 대화가 되지 않는 부모 대신 스마트폰의 세계를 선택한 것일지도 모른다.

사실 아이들에게 스마트폰과 같은 디지털 기기의 중독성은 어제오늘 일이 아니다. 많은 부모들이 과연 아이에게 휴대 전화를 사줘야 할지 말아야 할지 고민에 빠져든다. 안 사주자니 친구들 사이에서 소외당할 것 같다. 더구나 학교에서도 스마트폰의 메신저 프로그램을 이용해 공지를 하고 있으니 무작정 안 사줄 수도 없다. 스마트폰을 사줘야 할지 말아야 할지의 고민은 곧 언제 사줄 것인지로 바뀌었다가, 어느새 아이의 손에 스마트폰이 들려 있게 된다. 하지만 얼마 가지 않아 하나같이 사준 걸 후회한다.

"공부할 때 문자나 게임하다가 들키면 한 달 동안 사용 금지야. 어디까지나 엄마랑 연락하기 위해 사주는 거야. 잊지 마."

대다수의 부모들이 아이에게 스마트폰을 쥐어 주면서 이와 같은 일방적인 약속을 한다. 스마트폰이 생겨 신이 난 아이는 약속을 꼭 지키기라도 할 것처럼 큰소리로 그러겠노라고 대답을 한다. 하지만 한번 아이의 손에 쥐어진 스마트폰은 떨어져 나갈 줄을 모른다.

사실 아이들이 문자와 게임으로 소통하게 된 까닭은 바깥놀이보다 실내에 앉아 해결해야 하는 과제가 늘어났기 때문이다. 빼곡한 학원 스케줄로 시간에 쫓기다 보니 놀이보다는 수다나 게임으로 자기들만의 문화를 만들어 가게 된 것이다.

부모들은 학습을 방해하는 스마트폰이 마냥 거슬릴 뿐이다. 반면 아이들은 이제까지 커 보였던 부모의 존재가 작고 시시해 보인다. 아이들보다 디지털 기기에 미숙한 부모는 스마트폰에만 매달리는 아이들을 향해 막무가내로 윽박지를 뿐이다. 결국 부모와 자녀의 관계는 점점 멀어져 간다.

스마트폰에 버금가는 요주의 물건은 컴퓨터일 것이다. 학년이 올라가면서 과제물 가운데 학교 누리집에 올려야 하는 것들이 종종 생긴다. 또 모둠이나 단체 활동이 많아지고 협력 학습의 형태가 늘어나면서 아이들은 인터넷상에서 정보를 공유하는 일이 많아졌다. 따라서 앞뒤 사정 무시하고 컴퓨터 사용을 무작정 제한하다 보면, 다른 아이들과의 소통에 문제가 생기고 만다.

대한이랑 ppt를 만들어야 한다. 사회 숙제를 함께 해야 해서 집에서 만났다. 그런데 대한이는 ppt를 만들 줄 모른다. 그래서 내가 다 해야 한다. 대한이는 자기는 할 줄 모른다며 할 생각도 안 한다. 숙제는 해야 하는데 시간은 없고 학원 갈 시간이 다 되어 가기 때문에 나누어서 할 수가 없었다. 내가 만들었으니 발표도 내가 해야 한다. 이건 같이한 숙제가 아닌데 선생님은 점수를 똑같이 주실 거다. 한 팀은 같은 점수를 준다고 하셨다. 억울하다.

이 아이는 함께하는 과제를 혼자 하게 돼서 억울했나 보다. 그래서 일기를 통해 선생님에게 알리고 싶었던 듯하다. 이처럼 컴퓨터를 활용하는 과제들이 점점 늘어나는 마당에 무작정 컴퓨터 사용을 막을 수는 없는 노릇이다. 다른 아이들과의 원활한 협력 학습을 위해서라도 컴퓨터 활용법을 알아야 한다.

교과서에서 조사보고문 작성을 배울 때도 자료를 검색하고 정리하여 발표하게 한다. 인터넷 말고도 관련 도서나 신문, 잡지, 관련 직업인이나 전문가 인터뷰 등 조사 방법은 다양하지만, 가장 손쉬운 방법은 인터넷 자료

검색이다. 어쩔 수 없이 컴퓨터나 스마트폰이라는 디지털 기기를 사용하게 된다. 이제는 부모의 일방적인 제한보다는 아이의 의견을 적극 수용하여 쌍방의 규칙을 정해야 할 때가 되었다. 즉 디지털 기기를 어떻게 사용하고 관리할 것인지에 초점을 맞추어야 한다.

권장하고 싶은 스마트폰의 바른 사용법

- 저녁 ○○시 이후에는 모든 가족의 스마트폰 사용을 제한한다.
- 공부나 숙제를 할 때는 지정된 장소에 스마트폰을 보관한다.
- 식사 중에는 문자나 검색을 하지 않는다.
- 반드시 통화해야 하는 경우를 제외하고 부모는 아이 앞에서 스마트폰을 사용하지 않는다.

우선 부모가 모범이 되어야 한다는 점을 잊어서는 안 된다. 요즘 아이들은 엄마 배 속에서부터 디지털 기기를 손에 들고 나왔다는 우스갯소리가 있다. 그만큼 우리 아이들은 태어날 때부터 디지털 기기에 둘러싸여 성장한다. 이를 '디지털 네이티브(digital native)'라고 한다. 미국의 교육 전문가인 마크 프렌스키가 처음 사용한 말로, 이 세대는 과거와 전혀 다르게 생각하고 행동한다는 것이다. 이러한 아이들에게 일방적으로 스마트폰이나 컴퓨터 사용을 제한하기보다는 올바른 사용법을 알려 주는 것이 현명하다.

글쓰기를 기피하는 4학년에게
시를 권하는 이유

너의 진짜 모습

나의 진짜 모습

사라졌어

  -하상욱 〈포토샵〉 중에서

SNS 시인으로 불리는 하상욱의 시다. 짧지만 깊은 공감과 긴 여운을 남긴다는 점에서 대중의 사랑을 받고 있다. 시는 어떤 사람이 쓰는 것일까? 우리는 보통 깊은 고뇌를 경험한 사람이나 남과 다른 특별한 언어적 감각을 가진 사람만이 쓰는 것이라고 생각한다. 아이들 역시 마찬가지다. 아이들에게 시라고 하면 무엇이 가장 먼저 떠오르는지 물었더니, 대부분 "흉내 말이요." "예쁘고 멋진 말이요."하고 대답했다. 아이들에게도 시는 아름다고 정갈한 문학이라는 인식이 강한 것이다.

그래서인지 대다수 아이들이 시 쓰기를 어려워한다. 이는 시에 대한 편견 때문이다. 사실 시만큼 자유롭게 떠오르는 생각들을 표현해 볼 수 있는 것은 없다. 함축이나 운율은 나중 문제다. 하상욱의 시처럼 짧아도 좋고 그 어떤 주제여도 상관없다. 시는 길이의 제한이 없기 때문에 글쓰기 성취감을 더 자주 느낄 수가 있다. 글쓰기를 기피하는 4학년 아이들에게 제격이다.

만일 아이가 힘들어한다면 일기를 쓸 때 머릿속에 떠오르는 낱말을 연결 시켜 시를 써보게 하자. 겪은 일들을 회상하여 떠오른 낱말들을 연결하면 시가 된다. 멋지고 독특해야만 시가 되는 것이 아님을 이를 통해서 깨달을 수 있을 것이다.

시 쓰기를 배울 수 있는 시기는 3학년 이상의 아이들이다. 주제 의식을 가지고 어떤 글을 쓸지 생각해 볼 수 있기 때문이다.

| 관심과 관찰의 힘 |

일반적으로 4학년 때부터 추상적인 사고가 가능해진다. 그러나 아직은 머릿속에서 표상하는 힘이 약하다. 글쓰기를 하려면 머릿속의 이미지를 낱 말과 문장으로 표현해야 하는데, 그렇게 표상한 것을 글로 나타내는 과정 에서 시간이 없는 아이와 사고력이 부족한 아이, 글쓰기 흥미를 잃은 아이 들은 글쓰기를 포기하게 된다.

더구나 학원 숙제가 많아 바쁜 아이들은 일상이 피곤하다. 삶의 의욕이 떨어지다 보니 어려운 글쓰기는 더더욱 하기 싫다. 이때는 글쓰기를 강요 하기보다 삶의 활력을 찾아 주어야 한다. 삶의 활력을 가져다주는 가장 좋은 방법은 관찰을 하게 하는 것이다.

학원

학원이 제일 가기 싫다.
안 가면 엄마한테 혼나고
가면 칭찬받고
할 수 없이 갔다.
가니까 과자를 준다.
왜 주는지 모르겠다.
내가 동물이고
선생님이 조련사고
나에게 먹이를 주는 것 같다.

– 4학년 이주남 『새들은 시험 안 봐서 좋겠구나』 중에서

이 시에는 학원에 가기 싫은 마음이 적나라하게 드러나 있다. 자신을 동물에, 선생님을 조련사에 비유하다니, 아이의 심경이 어떤지 알 수 있다. 평소 동물과 조련사의 관계를 유심히 관찰하고, 관심 있게 보았기 때문에 이런 표현을 할 수 있었을 것이다.

관찰은 사물이나 현상을 주의하여 자세히 살펴보는 행동이다. 우리는 주로 관심 있는 것을 관찰한다. 따라서 보고 있어도 제대로 보지 못하는 것이 더 많다. 친구와 영화를 보더라도 기억하고 있는 장면이 서로 다르다. 관심을 어디에 두었느냐에 따라 다르게 이해되기 때문이다. 관심이 있으면 그나마 자기 관점을 이야기할 수 있지만, 관심 없는 것을 보았을 때는 무엇을 보았는지 한참을 생각해도 떠오르지 않는다.

이러한 특성 때문에 관찰을 생활화하면 별도의 시간을 들이지 않아도 지식을 쌓는 데 도움이 된다. 이렇게 형성된 지식은 단순한 배경지식에 그치지 않고 일종의 빅 데이터로써 기능한다. 가령 반려견을 맞이한 아이가 있다고 하자. 강아지가 귀여워서 함께 노는 일에만 치중하는 아이도 있을 것이고, 강아지의 행동 하나하나에 관심을 보이며 개에 관련하여 알고자 하는 아이도 있을 것이다. 후자는 아마도 관련 도서나 백과사전을 찾아 읽으며 개의 종류와 특성에 관한 지식을 쌓을 것이다. 그렇게 얻은 지식은 가정에서 기르고 있는 반려견의 행동들과 결합하여 자기만의 빅 데이터가 될 것이다. 이처럼 관심과 관찰은 아이의 삶에 색다른 의욕을 불러일으켜 행동의 변화까지 야기한다.

| 가장 매력적인 자기표현 방식 |

시를 쓰기 전에 우선 충분히 감상해야 한다. 시의 특성은 읽는 시간이 길어야 몇 분에 불과한데, 산문보다 더 깊은 감동과 공감을 불러일으킬 수 있다는 점이다. 많이 읽어야 잘 쓸 수 있듯이, 시도 풍부하게 감상해야 쓰고 싶은 마음이 생긴다. 아이들에게는 어른이 쓴 시보다는 또래 아이가 쓴 시가 더 많은 공감을 불러일으킨다. 행과 행 사이에 생략된 이야기를 충분히 상상할 수 있기 때문이다.

'너도 그런 적 있었구나. 나도 그런 경험이 있는데.'와 같은 공감을 통해 시에 대한 흥미도 높아지고 시 쓰기에 자신감도 붙는다.

어른 아이 할 것 없이 살다 보면 어느 순간 마음속으로부터 강렬한 감동이 솟구칠 때가 있다. 시는 이러한 감동을 가감 없이 표현하는 가장 좋은 수단이다. 똑같은 대상을 두고도 사람마다 느끼는 감동이 다르다. 감동은 개인의 감각과 지각에 의해 만들어진 아주 주관적인 것이기 때문이다. 감동받은 대상을 주관적으로 표현할 수 있는 시 쓰기는 사춘기가 시작되는 아이들에게 최적의 교육 활동이다. 시는 색다른 표현 방식을 가지고 있기 때문이다. 친구들과 비교되는 것이 싫은 아이들, 자신만의 독특함을 가졌다고 믿는 아이들일수록 매력을 느끼는 게 시 쓰기다.

별똥별

하늘에 수 없이 놓인 수많은 고민들
너는 아니?
저곳에 너의 고민도 있단다.
언젠간 고민이 사라지겠지

어? 저기 봐. 너의 고민이 떨어졌어.

저기 별똥별을 봐.

이 아이는 사람들의 고민을 밤하늘을 수놓은 별에 비유했다. 그리고 고민이 해결되는 것을 하늘에서 떨어지는 별똥별에 비유했다. 아이의 상상력이 빛을 발한 아주 좋은 시다. 시를 쓰기 위해 굳이 새로운 경험을 할 필요는 없다. 생활문 쓰기처럼 일상에서 글감을 찾으면 된다. 이를테면 아이들이 가진 스마트폰으로 사진 촬영을 해서 그에 맞는 표현을 덧붙여 보는 것도 시를 쓰는 데 동기 부여가 된다.

한번은 아이들에게 일정 시간을 주고 휴대 전화로 원하는 사진을 자유롭게 찍어 오라고 했다. 무엇을 촬영하든 상관없다고 했다. 그리고 아이들이 찍어 온 사진을 함께 보면서 무엇을 찍고자 했는지, 무엇이 보이는지, 제목은 무엇이 좋을지 서로 이야기 나누는 시간을 가졌다. 처음에는 자칫 웃고 장난치다가 끝나지 않을까 하는 걱정을 하였지만, 기우였다. 뜻밖에도 아이들 모두 진지한 자세로 사진 촬영에 임해 주었다.

그중 한 명은 일주일 뒤에 자신의 휴대 전화에 100여 장의 사진을 담아 오기도 했다. 해오라는 숙제도 안 하는 녀석이었는데, 자발적으로 촬영을 하고 사진에 제목을 달아 온 것이다. 활짝 웃는 친구들의 모습과 떨어지는 나뭇잎의 모양 등 아이의 일상이 포착되어 있었다. 아이는 그 작업을 하면서 얼마나 즐거웠을까?

관심을 갖고 관찰하면 모든 게 새롭다. 그 새로움은 처음 보는 새로움이 아니라 미처 발견하지 못했던 일상에서 느낀 새로움이다.

| 짧게 쓴다고 모두 시는 아니다 |

시집을 한 권 정해서 아이와 함께 여러 편의 시를 감상해 보자. 감상 후 아이에게 인상적인 시를 물어보면 분명 웃음이 터졌거나 인상이 찌푸려졌거나 혹은 눈물이 났던 시를 꼽을 것이다. 이렇게 시를 읽고 공감했던 경험들이 쌓여야 나도 시를 쓸 수 있겠다는 자신감이 생긴다.

시 감상하는 방법

- 또래 아이들이 쓴 시집을 읽고 마음에 드는 시 고르기
- 고른 시에서 마음에 드는 문장이나 표현을 찾아 읽고, 마음에 든 까닭을 이야기하기
- 다른 아이가 쓴 시의 일부를 나라면 어떻게 표현했을지 고쳐 써보기

시를 충분히 감상했다면, 이제는 본격적으로 시를 써보자. 처음에는 부담 없이 한두 줄로 시작하여 제법 적응이 되었다면, 체계적으로 얼개를 세워 시를 써보자.

얼개 세워 시 쓰기 예시

아이가 세운 얼개	처음 : 놀이터에서 매미를 괴롭히는 형들을 보다 중간 : 형들이 매미를 괴롭히는 장면 　　　　 – 날개 떼고, 나뭇가지로 꽁무니 쑤심 끝 : 끔찍하다. 잔인한 형들
완성된 시	놀이터에서 놀다가 매미 잡는 형들을 봤다. 날개를 떼고 작은 나뭇가지를 꽁무니에 쏘옥 집어넣었다. 매미가 고통스럽겠다. "매미가 아프겠다"고 말하며 매미를 괴롭히는 형들 나쁘고 잔인하다

시를 쓰기 전에 미리 얼개를 짜서 어떻게 쓸지 계획을 세워 놓으면 순서에 맞게 쓸 수 있다. 그만큼 실수도 줄어들고 다 쓴 뒤에 글을 고치는 과정도 수월해진다.

얼개 세워 시 쓰기 초안	
얼개 세우기	처음 : 체육시간에 친구 학용품이 휴지통에 박힘 중간 : 선생님이 화가 나서 야단치심. 아무도 자백하지 　　　 않음 끝 : 모두 벌을 받고 반성문 씀. 억울함
아이가 처음 쓴 시	체육시간 5교시 체육시간에 친구 학용품이 휴지통에 박혀 있는 걸 보았다. 선생님이 화를 내셨다. 우리들에게 자백하면 용서해 주겠다고 하셨다. 아무도 자백하지 않았다. 모두 벌을 받고 반성문을 썼다. 억울했다. 잡히기만 해봐라 하고 생각했다.

　아이가 처음 쓴 시를 보고 "필요 없는 말은 빼보자." "직접화법을 쓰면 흥분되고 긴장된 당시의 상황을 잘 표현할 수 있어." "장면에 따라 연을 나누어 보면 더욱 좋을 것 같다."라고 지도를 해주었다. 그러자 아이는 몇 차례 수정을 거쳐 다음과 같이 시를 완성했다. 아이가 스스로 고친 것이다.

죽음의 체육시간

5교시 체육시간에 일어난 큰 사건
점심시간에 친구의 학용품이 휴지통에 박혀 있었다.

화가 나신 선생님
"지금 자백하면 용서해 주마."
"······"
"앞으로 나란히, 실시!"
자백할 기회를 한 번 더 주셨다.
"······"

우리 반 전체가 반성문을 썼다.
'그 놈 나한테 잡히기만 해 봐라.'

　시의 매력에 빠지면 짧게만 쓴다고 하여 시가 되는 게 아니라는 것을 알
게 된다. 이쯤 되면 아이는 이미 시 쓰기를 즐기고 있다고 할 수 있다.『쉬
는 시간 언제 오냐』(초등학교93명아이들 지음, 휴먼어린이),『호박 도둑놈』(김녹촌
엮음, 지식산업사),『숙제 다 했니?』(이지호 엮음, 상상의힘),『숨어서, 숨어서』(책
마을해리어린이시인학교 2기 지음, 나무늘보),『새들은 시험 안 봐서 좋겠구나』(한
글글쓰기교육연구회 엮음, 보리)는 또래 아이들의 시를 모아 놓은 시집이다. 먼

저 시의 매력을 흠뻑 느낄 수 있도록 많이 읽어 주자.

| 시의 매력에 퐁당 빠지는 활동 |

생각해 보면 어렸을 적 국어 시간에 배웠던 시는 참 어려웠다. 과거 초등학교 교과서에는 아이들의 시는 찾아볼 수 없었으며 전문 시인들의 동시나 동요가 실려 있었다. 또 중·고등학교 교과서에는 독립 운동가들의 광복을 염원하는 시, 비유와 상징투성이의 현대시로 가득했다. 아마도 이것이 시를 어렵게 만든 원인이 아닐까 생각한다.

지금의 초등학교 교과서는 많이 달라져 성인 작가의 동시도 있지만, 또래 아이가 쓴 시도 실려 있다. 또 아이들이 쓴 시를 엮은 시집들도 서점에서 쉽게 구할 수 있어 시를 가볍고 즐겁게 감상할 기회가 많아졌다. 그런데도 시를 읽히지 않는다. 유아기 때 리듬감이 있는 동시, 동요집을 읽어 준 뒤로는 별도의 시집을 읽히지 않는다. 어쩌면 무슨 시집을 사주어야 할지 몰라서 그럴 수도 있겠다는 생각이 든다.

다음 몇 가지만 해보면 시가 참 재미있다는 걸 알 수 있다.

우선 아이가 재미있게 읽겠다 싶은 시집을 고른다. 그리고 함께 읽는다. 혹은 아이에게 낭송을 시키고, 이를 녹음해도 좋다. 이때 시 분위기에 맞는 배경음악을 함께 녹음하면 더없이 좋을 것이다.

나는 시를 떠올릴 때마다 중학교 때의 국어 선생님이 생각난다. 선생님은 네모 박스 모양의 카세트를 들고 다니셨다. 그러면서 우리들에게 종종 교과서의 시를 펼쳐 시 낭송을 하게 하고는 그에 어울리는 음악을 틀어 주셨다. 우리로 하여금 시 낭송의 묘미를 맛보게 해주신 것이다. 때론 불경도 들려주시며 시를 읽게 했는데, 그때마다 교실은 웃음바다가 되곤 했다. 오늘날 내가 시를 즐기게 된 것은 당시 선생님의 그런 수고와 노력 덕분인 것 같다.

　시화를 그리거나, 아이가 쓴 시를 엮어 시집을 만드는 일도 의미가 있다. 자신의 작품집을 보면서 뿌듯한 마음이 생겨 시 쓰기에 흥미를 갖게 된다. 요즘은 컴퓨터 활용만 잘 해도 멋진 책을 만들 수 있다. 책이나 앨범을 직접 제작할 수 있는 사이트도 있어서 누구나 그럴듯한 작품집을 가질 수 있다. 아이와 함께 추억을 만드는 일은 부모에게도 소중한 시간이 될 것이다.

+ 8장 +

객관적인 시각과
논리적인 사고를 연습해야 하는
5학년

· 설명문 쓰기 정복 ·

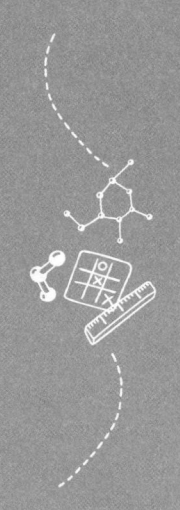

비난과 비판의 차이를
가르쳐라

어리다 보니 어른들의 언행에 반발하기도 하지만, 스스로 그릇된 언행을 비판할 줄
도 안다. 비판적 사고와 추상적 사고 능력의 발달로 인한 것이다. 아이에게서 이런
모습이 보이기 시작하면, 비난과 비판의 차이를 분명히 가르쳐야 한다. 또 아직 객
관적인 관점을 갖추지 못한 아이들을 위해 설명문 쓰기로 이러한 시각을 잡아 주
고, 토론 활동을 통해 자기만의 사고를 확립해 갈 수 있도록 이끌어 줘야 한다.

사춘기는 시작되고,
사고는 비약적으로 발달한다

많은 아이들이 사춘기를 겪고 있거나 시작하는 시기다. 대개 사춘기 아이를 둔 부모나 주변 사람들은 "요즘 사춘기라서 애가 예민해." "우리 언니가 요즘 사춘기라 엄마 말도 안 듣고 숙제도 안 해요."라고 말하는 등, 사춘기의 반항적인 모습을 당연하게 여기거나 오히려 부각시키는 경향이 있다. 그러다 보니 아이들도 학교 규칙을 어기거나 부모님의 말을 거부하는 일을 당연시한다. 하지만 그러면서도 이전과 너무 달라진 자신의 모습 때문에 내적 혼란에 휩싸인다.

휴, 나에겐 아주 심각한 고민이 있다. 내가 아닌 것처럼 느껴지는 것이다. (…종략…) 우리 가족 중 누구도 나를 이해해 주는 사람이 없다. 거울을 보면 내 자신이 너무 무섭게 느껴지고, 내가 왜 엄마, 아빠, 언니 곁에 있어야 되는지… 정말 울고 싶다. 엄마에게 정신병원에 가서 치료하고 싶다고 했다. 엄마는 나를 달래줬지만 그럴수록 점점 더 속이 답답하다. 유진이한테 털어놔도 그게 무슨 말이냐며 나의 고민을 해결해 주지 못했다. 글쓰기 선생님은 세상을 살아가는데 필요한 성장과정이라고 하셨다. 우리 반 아이들은 아무리 봐도 이런 생각을 하는 아이는 없어 보였다. 정말 나는 세상을 사는 것 같지가 않다.

이 아이는 자신의 혼란스런 심정을 솔직하게 표현했다. 아무리 봐도 주변에는 자기처럼 고민하는 아이를 찾아보기 어렵다는 내용만으로도 얼마나 외롭고 힘겨운 시기를 보내고 있는지 알 수 있다. 그나마 다행인 것은 혼자 끙끙 앓지 않고 주위 사람들에게 자기 고민을 털어놓았다는 점이다.

| 비판 의식과 추상적 사고의 발달 시기, 관념적인 글에 빠질 수 있다 |

5학년이 되면 자기중심적인 행동이 줄어들고, 비합리적이거나 비현실적인 논리에 비판할 줄도 알게 된다. 물론 어리다 보니 어른들의 언행에 반발도 하지만, 그릇된 언행을 스스로 비판할 수 있다. 이를테면 자신이 지각을 한 일은 규칙을 위반한 일이므로 벌칙을 받는 것이 옳지만, '나만 그런 것도 아니고 봐줄 수도 있는 거지.' 하는 마음도 강렬하게 드러낸다. 그러나 곧 '사회 규칙에 위배되는 행위는 옳지 않으므로 지각으로 인해 받는 벌은 당연하다.'는 결론을 내릴 줄 안다.

5학년 아이들은 추상적 사고 능력이 발달하여 경험하지 않은 일이라도 추론하여 결론을 예측할 수 있고, 어떤 대상이나 현상을 객관적으로 바라볼 줄도 안다. 그러다 보니 어른들의 말과 행동에 참견하고 싶어 한다. 그런 아이들에게 '오늘 무엇을 했다'는 식의 글은 유치하다. 대신 자기 생각이 아닌 다른 사람의 글을 흉내 내어 쓰는 일이 많아지면서 관념적인 글이 눈에 띄게 늘어난다.

> 누구나 부모님께 혼나는 일이 있다. 그때마다 혼나는 대상은 늘 아이들이다. 나도 물론 싫은 소리를 많이 듣는다. 많이 힘들 때에는 사람들이 완벽했으면 좋겠다고 생각한다. 완벽한 사람이 되면 평생 해를 끼치지 않고 살 수 있을 것 같다. 완벽해지면 시험을 보아도 늘 100점을 맞을 것이고, 수학이면 수학, 국어이면 국어, 미술이면 미술, 음악이면 음악, 모든 걸 잘 할 수 있을 것 같다. 상상 속의 완벽한 사람이 되면 얼마나 좋을까?

완벽한 사람이 되면 부모님에게 야단맞지도 않고 성적도 좋을 것이라는 내용이다. 하지만 이 아이의 내면은 성적 때문에 부모님에게 싫은 소리를 듣는 게 불만인 듯하다. 차라리 공부하는 게 힘이 들고, 저조한 성적으로 부모님에게 잔소리 들을 때면 기분이 나쁘다고 솔직히 쓰는 게 더 나을 뻔했다. 자신의 경험을 솔직히 이야기할 때 깊은 공감을 불러일으키는 법이다. 만일 아이의 글에서 관념적인 글쓰기의 특징이 보인다면, 직접 겪은 일을 쓰게 하거나 책을 읽고 토론을 해볼 것을 권한다.

| 외모가 곧 아이의 자존감이 되지 않도록 |

고학년이 되면 가장 먼저 눈에 띄는 것이 신체적인 변화다. 부쩍 키가 자라고 아이들의 외모가 성숙해진다. 자연스럽게 외모에 대한 관심이 커지면서 화장이나 염색을 하는 아이들이 눈에 띄고 옷과 신발에 유난히 신경을 쓰는 모습을 보인다.

외모에 관심을 갖는 까닭은 뇌에서 시각 중추기능을 하는 후두엽의 발달과 관련이 있다. 화려해 보이는 연예계 스타에 열광하는 것도 이 탓이다. 모두 자기만 쳐다보는 것 같아서 헤어스타일이 조금만 마음에 안 들어도 모자를 써서 감추려 애쓴다. 생일에는 학용품보다 화장품을 주고받고, 옷이나 장신구를 쇼핑하기 위해 친구들과 로데오 거리에 가기도 한다. 심지어 자기들만의 문화로 아이 쇼핑을 꼽기도 한다.

이런 현상은 5학년 무렵에 시작해서 중학교 때 절정을 이룬다. 사춘기 자녀를 둔 부모 중에는 등교 시간이 임박했는데도 치장에만 신경 쓰는 아이가 답답하다며, "욕실에만 들어가면 함흥차사예요. 외출 준비하는 데 보통 한 시간은 걸린다니까요." 하고 푸념하는 사람들이 많다.

외모에 관심을 보이는 것은 자연스러운 현상이므로 무조건 나무란다고 달라지지 않는다. 핀잔을 주는 부모가 오히려 촌스럽게 느껴질 뿐이다. 누구나 겪는 자연스러운 성장 과정이라고 받아들이되, 외모만큼이나 내면을 가꾸는 일도 중요하다고 가르치는 수밖에 없다.

부모가 아름다움의 바른 가치관을 심어 줘야 할 때가 바로 이때다. 간혹 뉴스에 성형외과를 찾는 초등학생 이야기가 나온다. 무조건 내면이 중요하다는 이야기는 비현실적으로 들릴 수도 있으므로, 성형 부작용의 이야기나 외모에 집착한 결과 비극적인 삶을 살아가는 사람들의 이야기를 에둘러 들려줄 수도 있다. 하지만 이보다는 외모가 곧 아이의 자존감이 되지 않도록 내면을 가꾸도록 해주자. 내면을 가꾸는 데는 글쓰기가 아주 효과적이다. 외모지상주의를 주제로 이야기를 나눈 뒤 글쓰기를 해보는 것도 의미가 있다. 아래는 『박씨부인』을 읽고 외모에 대한 편견을 주제로 토의한 뒤 쓴 독서감상문이다.

'박씨부인'을 읽었다. 아버지의 업보 때문에 괴상한 모습을 하게 된 여인은 얼굴도 모르는 남자에게 시집을 갔다. 혼례를 치르자마자 박씨부인은 남편 이시백과 시어머니께 못생겼다는 이유로 구박을 받게 된다. 조선시대의 양반도 못생긴 여자를 구박했다니 참 비인간적이다. 몇 년 뒤 아버지의 업이 풀려 박씨부인의 허물이 벗겨지고 예뻐진다. 아름다운 모습을 한 부인을 보자 이시백은 한 눈에 반해 버린다. 과거에 급제하여 집안에 경사가 났을 때도 부인을 모른 척 하더니, 예뻐지니까 태도가 달라졌다.

이 책에서 가장 인상 깊은 점은 지금처럼 예전에도 외모편견이 심했다는 것이다. 못생겨서 구박을 받는 일은 역사가 아주 오래된 것 같다. 그래서 성형수술이 발달되었나보다. 외모편견 때문에 괴로운 사람들은 성형수술로 얼굴을 예쁘게 바꾸기도 한다. 하지만 얼굴만 예뻐졌다고 미인은 아닐 것이다. 박씨부인은 얼굴도 예쁘지만, 글 솜씨도 좋고 똑똑해서 남편을 과거에 급제 시키고 나라도 구한 인물이다. 외모로 사람을 판단해서 성형수술을 하는 일이 없어야 한다. 마음이 예뻐야 진짜 아름다운 사람이다. 그런 세상이 되어야 한다.

주제를 심도 깊게 잘 다룬 글은 아니지만, 아이는 이 글을 쓰면서 진짜 아름다운 사람은 외모보다 마음을 더 잘 가꾸는 사람이라고 자기만의 결론을 내렸다. 글을 쓰면서 아이의 가치관도 함께 정립되는 것이다.

글쓰기의 순서를
제대로 익혀야 한다

5학년쯤 되면 목적에 따라 어떤 글을 써야 할지 스스로 정할 수 있다. 교과서를 통해 이미 모든 종류의 글쓰기를 배웠기 때문이다. 편지글, 감상문, 주장글, 설명문, 광고문 쓰기는 물론이고 '이유나 근거를 명확히 내세우는 글, 견문과 감상을 드러내는 글, 매체를 활용하여 지식이나 정보를 추가하는 글'을 배우고 익힌다. 그러므로 어떤 글이 됐든 주제에 적합한 글감을 골라 목적이 잘 드러나게 쓰는 것을 목표로 삼아야 한다.

이전 학년에 비해 글쓰기의 전 과정을 익히고 배우는 시간이 늘었다. 글쓰기는 글감을 찾고 개요를 짠 뒤에 글을 쓰고 고치기까지 일련의 과정을 포함한다. 글쓰기 과정의 첫 걸음은 글감을 찾는 것이다. 아이들은 그동안 학교에서 과제로 내주는 글쓰기나 책을 읽은 뒤 쓰는 독서감상문이 전부이다 보니, 스스로 글감을 찾아 쓴 경험이 별로 없다. 하지만 이제부터는 글감을 찾아 써야 한다. 글감 찾기 연습이 필요한 것이다. 이를 위해서는 주어진 주제에 대한 자료를 찾거나 책을 읽어야 한다.

글감을 정하고 나면, 글의 개요를 짜야 한다. 글의 순서와 내용을 계획하는 단계다. 가장 많은 고민을 해야 하는 과정으로, 어떻게 글을 시작하며, 내용은 어떻게 풀고, 마지막은 어떻게 마무리할지를 충분히 고민해야 한다. 글쓰기 과정 가운데 가장 많은 시간이 할애된다고 해도 과언이 아니다. 아이들은 종종 "이거 안 하면 안 되나요? 그냥 쓰는 게 더 나을 것 같아요. 개요 짜는 데 시간이 너무 많이 걸려요. 지금까지 개요 없이도 잘 써왔어요." 하며 이 과정을 건너뛰고 싶어 한다. 고민하는 게 싫기 때문이다. 하지만 개요에 충분히 공을 들인 뒤 쓴 자신의 글을 보면 대부분 만족스러워한다. 개요 짜기가 습관이 된 아이들은 "과제를 할 때나 논술 시험을 볼 때도 개요를 짜지 않으면 어떻게 써야 할지 모르겠어요." 하고 말하기도 한다. 개요를 짜면서 훨씬 효율적으로 글을 쓸 수 있다는 것을 깨달았기 때문이다.

개요를 짠 뒤에 글을 쓰면 글의 구성이 대단히 자연스럽다. 글의 순서가 바뀌거나 썼던 말을 반복해서 사용하거나 써야 할 내용을 놓치는 일을 방지할 수 있기 때문이다. 더군다나 개요를 짜는 동안 책이나 관련 자료를 검색하여 첨부할 수도 있어 글의 내용이 한층 풍부해진다. 또한 이미 충분히 고민했기 때문에 정작 글을 쓰는 시간이 단축된다. 아이가 개요를 짜는 걸 싫어해도 그 장점을 충분히 이해시켜 건너뛰는 일이 없도록 하자.

	개요 짜기 예시
서론	1. 우리 생활의 기본 —> 에너지. 우리는 항상 에너지 사용 2. 사용할 에너지가 떨어지고 있음. 대책을 세워야 함
본론	1. 에너지 효율 —> 석탄. 석유 높아. but 화석연료 고갈 2. 원자력 효율 높아. but 왕 폐기물. 방사성 해체 비용 왕창 들어 3. 대체 에너지 있어. but 효율 높지 않아
결론	1. 실천 방법 : 에너지 절약 실천해야 함. 겨울에 내복. 가까운 거리 걷기. 수도 잠그기. 안 쓰는 코드 뽑기. 대중교통 이용

개요를 다 세웠다면, 이제는 집중해서 글을 써야 한다. 한두 문장 쓰고 이야기하고, 두어 문장 쓰고 질문하기를 반복하면 글이 산만해진다. 따라서 글을 쓸 때는 한번에 신중하게 써내려 가도록 지도해야 한다. 시간을 두거나 며칠에 걸쳐 쓰게 한다면 자연스러운 글을 기대하기 어렵다.

글을 다 썼다면 스스로 읽어 보면서 내용을 보태거나 수정하여 글의 완성도를 높일 수 있도록 하자. 절대 부모가 고쳐 주어서는 안 된다. 적절한 질문으로 자세히 쓸 수 있도록, 표현이 자연스러워질 수 있도록 하되 아이 스스로 고치게 한다.

토론으로 비판적 사고의
발달을 자극하라

5학년은 토론 기술을 익힐 수 있는 최적의 시기다. 교과서에서 토론을 비중 있게 다루기도 하거니와 토론에 필요한 비판적 사고가 발달하는 시기이기 때문이다. 이는 4학년 글쓰기 편에서도 권했던 것으로 여기서는 토론과 글쓰기 능력을 어떻게 연결시킬 수 있는지 그 방법을 명확하게 안내하고자 한다. 옳고 그름을 따지기 좋아하는 이 무렵 아이들은 친구들과 논의를 할 때 나름의 근거를 대가며 각자의 주장을 강하게 내세우는 경향이 있다. 중재 역할을 하는 친구가 있는 경우, 양쪽 의견을 충분히 들은 뒤 객관적으로 판단을 해주기도 한다. 아이들이 이야기할 때 옆에서 듣고 있으면 나름 논리적인 판단 기준을 가지고 있음을 발견하게 된다.

이 시기 아이들의 논리는 그동안 쌓은 배경지식을 바탕으로 도출된 것이며, 최근 발달하기 시작한 비판적 사고에 의한 것이다. 아직 완벽한 객관성을 갖추지는 못했지만 아이들 수준에서는 주장과 근거를 펴기에 충분하다.

아이가 만약 따지기를 좋아하고 다른 사람의 행동을 문제 삼기 시작했다면, 비난과 비판의 의미를 정확히 알려 주어야 한다. 이에 가장 좋은 방법이 토론이다.

토의는 주어진 주제에 관해 의논과 협의를 통해 가장 합리적인 해결책을 찾아가는 사고의 과정이다. 반면에 토론은 서로 대립되는 의견을 가지고 상대의 의견을 반박하면서, 각자 자신의 주장이 옳음을 밝혀 나가는 과정이다. 안건에 대한 긍정과 부정, 혹은 찬성과 반대로 나뉘어 상대를 설득하는 활동이 토론인 것이다. 따라서 토론에 참여하는 아이는 객관적인 사실을 근거로, 타당하며 논리적인 주장을 펼쳐야 한다.

그렇기에 토의 주제와 토론 주제는 확연히 다르다. '바람직한 스마트폰 사용법은 무엇일까?'가 토의 주제라면, '초등학생의 스마트폰 사용을 제한해야 한다'는 토론 주제가 될 것이다. 토의와 토론은 모두 다른 사람의 의견을 듣고 나의 의견을 말하는 것으로 사고의 확장을 기대할 수 있다. 그런 점에서 추상적 사고가 발달하여 다른 사람의 생각을 이해할 줄 아는 고학년에게 아주 적합한 활동이다. 특히 토론은 나와 상대방의 논리를 정확히 파악해야만 설득의 논거를 펼칠 수 있다는 점에서 비판적 사고의 발달을 촉진한다.

아이들은 말을 잘하는 아이가 토론을 잘할 것이라 여긴다. 토론을 하는 데는 말하기 능력만 있으면 된다는 생각 때문이다. 그래서 토론을 한다고 하면, "우와~ 좋아요. 토론만 해요. 글쓰기는 싫어요." 하고 말한다. 토론을 잘못 배웠거나 아직 제대로 배우지 못한 까닭이다.

토론을 하기 위해서는 먼저 주제에 합당한 근거들을 찾아 요약 정리하는 과정이 필요하다. 읽기와 쓰기 전략이 모두 요구되는 것이다. 또 자신의 논리를 명확하게 설명해야 하며, 상대방의 주장에 반론하기 위해 상대의 의견에 귀 기울여 핵심 내용을 메모할 수 있어야 한다. 듣기와 말하기 기술이 필요한 것이다. 즉 성공적 토론을 위해서는 읽기, 쓰기, 듣기, 말하기 능력이 모두 요구된다.

독서 토론에 필요한 능력

읽기	관련 도서를 읽는다. 꼼꼼하게 읽어야 주장에 맞는 타당한 근거를 제시할 수가 있다. 그리고 논제에 제시된 용어를 정리한다. 가령 '우주 개발은 인류에게 꼭 필요한 일이다'는 안건으로 토론할 경우 '우주개발'과 '인류에게 꼭 필요한 일'에 관한 정의를 내려야 한다.
쓰기	조사한 자료 가운데 자기네 팀에게 유리한 근거들을 취합하고 조직적으로 체계화하여 입론서를 작성한다. 토론이 끝난 뒤 논술문을 쓴다.
말하기	자기 팀의 주장을 상대가 잘 알아들을 수 있도록 정확한 발음으로 말한다. 상대에게 질의하거나 상대의 질문에 답변할 때는 설득력 있는 목소리로 말해야 한다. 이때 심사위원이나 청중에게 호소할 수 있도록 목소리 톤이나 억양, 눈빛과 동작 등 비언어적인 요소를 적절하게 사용한다.
듣기	상대가 어떤 이야기를 하는지 잘 듣고, 반박하기 위해 메모해야 한다. 상대팀의 이야기를 잘 들어야만 어떻게 반박해야 할지 판단할 수 있다.

토론에서는 억지나 독선이 통하지 않는다. 토론을 자주 해본 아이는 객관적인 사실만이 근거가 될 수 있다는 당연한 진리를 깨닫는다. 또 딱딱하고 논리적인 주장만으로는 설득력이 떨어진다는 점도 터득한다. 상대의 반

응을 살피며 시선을 맞추는 등의 정서적인 교감이 중요하다는 것을 알게 된다. 토론은 한마디로 논리와 이성으로 무장하고 상대를 감동시키는 소통의 향연이라고 할 수 있다.

얼마 전 아이들과 '우주 개발은 인류에게 꼭 필요한 일이다'라는 논제로 토론을 했다. 인류는 지구 안에서 머물지 않고 우주라는 무한한 공간까지 개발하고 있다. 지나친 개발 경쟁이 국가 간의 위화감을 조성하기도 하고, 우주 쓰레기를 만들기도 한다. 인간의 과학적 호기심이 야기한 문제점이 날로 증가하고 있는 가운데 개발이냐 보존이냐 하는 문제로 토론을 확장해 보았다.

아이들은 흥미진진해했다. 얼마 전에 학교에서 반 대항 토론대회를 했던 경험도 있는데다 당시 못 다한 한을 풀고자 하는 아이도 있었다. 관련 자료를 조사해 팀원끼리 의논을 하고 자기 팀의 의견을 내세울 때까지는 아주 진지했다. 마치 자신들이 수집 정리한 근거들은 그 누구도 뚫지 못할 것이라는 표정들이었다. 하지만 상대팀에 이의를 제기할 때 말꼬리를 잡고 질질 끄는 등 미숙한 장면이 연출되었다. 아직 상대의 반론에 반박할 준비가 안 되어 있었기 때문이다. 다음은 토론에 참여했던 아이의 주장을 옮겨 놓은 것이다.

저희 팀은 '우주개발은 인류에게 꼭 필요한 일이다'는 논제에 반대합니다. 먼저 우주개발이라는 용어는 찬성 팀의 정의에 동의하지만, 우주개발이 인류의 발전을 가져온다는 의견에 대해서는 납득할 수 없습니다. 우주개발이 인류에게 필요하지 않은 까닭은 자연의 파괴와 막대한 개발 비용 때문입니다.

첫째 우주개발을 통해 자연이 파괴되고 있습니다. 우주에 보낸 인공위성은 유효기간이 다 되면 대부분 우주에 버려집니다. 한 마디로 쓰레기가 되는 것이죠. 지금처럼 우주개발을 앞 다퉈 하게 된다면 우주 쓰레기는 더욱 증가할 것입니다. 우주쓰레기는 우주에 떠도는 행성들에 위험을 가하기도 합니다. 지구의 환경오염도 모자라 우주에도 쓰레기장을 만들어야겠습니까? 이제는 우주개발을 중단하고 더 이상 자연이 파괴되는 것을 막아야 합니다.

둘째 우주를 개발하는데 드는 막대한 비용은 더 이상 우주개발을 하지 말아야 하는 이유입니다. 현재 우주개발에 드는 비용은 50조원이 넘는다고 합니다. 뿐만 아니라 우주개발로 사용되는 땅은 무려 507만㎡가 넘는다고 합니다. 제 상식으로는 상상할 수 없는 크기입니다. 우주개발에 드는 비용이나 토지를 복지사업에 쓴다면 훨씬 효율적일 겁니다. 세계는 고령화 사회가 진행되고 있습니다. 집이 없고 가난한 사람도 있고 취업이 안 되는 실업자도 많습니다. 우주개발에 쓰는 비용을 이러한 사람들을 위해 쓴다면 지구에서 일어나는 전쟁이나 아프리카 아이들의 굶주림이 해결될 것입니다.

토론 활동은 가정에서도 얼마든지 할 수 있다. 단 추상적 사고와 비판적 사고가 발달했다 한들, 논리와 이성으로 무장했다 한들, 아이가 상대의 의견을 들은 즉시 반론을 생각해 내기는 어렵다. 따라서 토론을 할 때 미흡한 점이 보이더라도 지적보다는 서로 자유롭고 즐겁게 의견을 나누는 분위기를 만들어 줄 것을 권한다. 특히 중재를 할 때는 아이보다 먼저 의견을 내세우지 말고, 아이가 의견을 다 말하고 난 뒤 살짝 덧붙여 주는 정도가 적당하다.

토론은 정, 반의 뚜렷한 자기 의견을 바탕으로 상대 의견에 비판을 가하거나 반박을 펼치는 활동이다. 또 여럿이 모여 하는 활동이므로, 토론 예절을 갖추지 않으면 자기 논리만을 내세운 끝에 감정이 상할 수 있다. 토론의 진정한 의의는 원활한 소통이다. 논리와 이성으로 대립하지만, 그 바탕에는 상대의 의견을 존중하는 배려심이 있어야 한다. 서로 다른 의견을 가졌다는 것은 어느 하나가 틀려서가 아니라는 걸 알려 줘야 한다.

독일의 교육 기관인 김나지움(우리나라 초등 5학년 나이의 아이들이 다니기 시작하는 인문 학교)의 모든 과목은 토론 중심의 수업으로, 논증하는 글쓰기가 포함되어 있다. 시험 역시 수업에서 토론했던 내용을 바탕으로 논증하는 글을 쓰게 한다. 독일에서 고학년 아이들에게 이러한 교육을 하는 까닭은 토론이 바탕이 된 논리적인 사고의 중요성을 알기 때문이며, 토론을 거친 뒤에 쓰는 글이 훨씬 정교해진다는 것을 알기 때문이 아닐까? 그래서인지 토론 후 아이들은 훨씬 쉽게 논설문을 쓴다. 토론을 하면서 양 팀의 논리를 충분히 듣고 이해했기 때문에 훨씬 수준 높은 글을 쓸 수 있는 것이다.

세상을 객관적으로 바라보는
연습, '설명문 쓰기'

추상적 사고의 발달은 사물이나 현상을 객관화하여 볼 수 있는 시각을 제공한다. 이 세상에서 벌어지고 있는 사실에 대해 인식하고 평가할 수 있게 되는 것이다. 이 시기를 '자아 발견기'라고도 하는데, 그 까닭은 이 사회에서 내가 어떤 존재인지를 발견할 수 있기 때문이다.

내가 속해 있는 사회에서 어떤 일들이 일어나고 있는지, 무엇에 관심을 두어야 하는지, 그 안에서 어떻게 문제를 해결해 나가야 하는지 고민한다. 그리고 이러한 고민의 시작은 사회를 바로 이해하는 것이며, 설명문은 이를 돕는 효율적인 수단이다. 설명문은 자신이 알고 있는 지식이나 정보를 다른 사람이 이해하기 쉽도록 전달하는 글쓰기로, 아이들이 지식을 확장하고 자기 것으로 만드는 데 도움을 줌과 동시에 세상을 객관적으로 바라보는 힘을 갖게 한다.

따라서 이 시기의 아이들은 설명문을 많이 읽고 또 많이 써봐야 한다. 사실 아이들은 주변에서 쉽게 설명문을 접할 수 있다. 사전의 글도 설명문이며, 요리법을 설명한 블로그의 글이나 자기소개서도 설명문이다. 또 생물을 소개하는 글도, 혼합물의 원리를 알려 주는 글도, 역사적 사실을 알려 주는 글도 모두 설명문이다. 아이들이 공부하는 내용은 거의 설명문 형태로 이루어져 있다고 해도 과언이 아니다. 따라서 설명문을 잘 이해하게 되면 자동적으로 공부도 잘할 수 있다.

장난감이나 전자제품 사용 설명서, 라면 끓이는 방법 등 이런 설명서 하나면 가정에서도 쉽게 아이들과 설명문을 써볼 수 있다. 제품 소개나 사용 방법을 알리는 설명서는 구매자가 그대로 따라 하기 좋게 순서를 매기거나 그림을 추가한 일종의 설명문이다.

설명서는 객관적인 사실을 바탕으로 한 설명문의 특징을 이해하고 훈련하기에 제격이다. 어떤 내용을 써야 할지 설명서에 나타나 있기 때문에 제시된 순서에 맞춰 문장 만들기 연습을 하면 된다.

3학년 지도법에서도 소개한 바 있는데, 설명서에 안내된 순서를 풀어서 한 편의 글로 완성하는 연습을 권한다. 3학년 때는 다양한 형식의 글을 써 보는 데 의의가 있었다면, 이제는 창의성을 살린 문장을 만들어 보게 하자. 설명서의 내용 그대로 문장으로 옮기기보다는 좀 더 다양한 표현법을 살려 쓰는 것이다. 가령 조리법을 소개하는 글이라면, 맛을 더 살리기 위한 팁을 추가하거나, 주의할 점에 자신의 경험을 곁들이는 등 아이만의 설명문으로 만들어 보게 하는 것이다.

그렇다면 설명문은 어떻게 쓸까?

객관적인 사실을 근거로 하되, 지식이나 정보를 그대로 옮겨 쓴 글은 백과사전과 다름없다. 따라서 아이들이 알고 있는 것, 경험한 것, 남에게 알리고 싶은 것 등 자기의 관심 분야를 글감으로 선택해야 한다. 아이들은 아직 경험이 적기 때문에 책을 읽고 찾아도 좋다.

그리고 문장은 간결하고 알아보기 쉽게 쓰되, 자신만의 상상이나 추리, 과장은 삼가야 한다. 사실을 알려 주는 글이므로 개인적인 감정도 배제해야 한다. 그러나 아이들의 글쓰기인 만큼 개인적인 감정이나 사상이 조금 녹여져도 괜찮다. 경험을 통해 느낀 바를 솔직하게 담아 내는 것을 지나치게 제한할 경우 글을 쓰는 흥미마저 잃을 수 있기 때문이다.

아이가 문장만으로 설명하기 어려워한다면, 그림이나 사진을 덧붙여도 좋다. 아이들은 '나선형'이라는 낱말의 뜻을 몰라 종종 그림으로 표현하곤 한다. 글과 그림, 사진이나 도표를 활용해서 표현해 보게 하는 것은 설명문 쓰기에 재미를 선사하고, 결과적으로 설명이 보다 자세해지는 이점이 있다.

설명문은 사실 다른 사람에게 보여 주기 위해 쓰는 글이 아니다. 설명문의 진정한 목표는 아이 스스로 터득한 지식이나 정보를 확고히 하고 나아가 더 풍부한 지식을 자기 것으로 만드는 데 있다. 따라서 문장력과 표현력보다 아이가 내용을 얼마나 이해해서 쓰고 있느냐에 집중하여 지도해 줘야 한다.

소금은 우리에게 아주 친숙한 물질이다. 주방에서 쉽게 찾을 수도 있고, 소금을 낯설게 느끼는 사람도 없다. 소금은 '작은 금小金'이란 뜻을 가지고 있을 정도로 옛날엔 아주 귀했다. 조선시대에는 소금을 백성들이 가지고 온 특산물 따위와 바꾸었다고 한다.

소금은 아주 작은 알갱이인데 현미경으로 자세히 보면 주사위 같이 반듯반듯한 정육면체인 것을 확인할 수 있다. 또 냄새가 나지 않고, 겉으로 보기에 흰색이라서 소금이 하얗다고 오해를 하는 사람들이 있지만 실제로는 표면이 고르지 않아 빛이 통과하지 못해서 그렇게 보일 뿐 투명하다.

소금은 우리 생활의 필수품이다. 특히 음식을 만들 때 간을 맞추기 위해 많이 사용한다. 특히 김치를 담글 때는 배추가 너무 뻣뻣하지 않게 해 주는 데 바로 삼투압 작용 때문이다. 그와 더불어 배추가 가진 독특한 맛도 내주고 짠맛도 배게 해준다. 그렇다고 김치가 음식에서만 쓰이는 것은 아니다. 공업용으로도 사용된다. 종이를 만드는 과정에서 물을 정제시킬 때나 염색 유지의 색을 더욱 선명하게 만들 때, 사료를 만들 때에도 소금이 쓰인다.

건조한 목을 부드럽게 하려고 할 때 소금물로 입을 헹궈주면 효과적이고, 겨울철 빨래가 어는 것을 막기 위해서 소금물로 헹궈 주면 간단하게 해결된다. 일년 내내 피어있는 조화를 목욕시킬 때에도 소금물을 사용한다.

소금이 갑자기 없어진다면 어떻게 될까? 어쩌면 먹을 것이 사라져서 모든 생물이 멸종할 지도 모른다. 아니면 소금 없이 살아갈 방법을 찾아낼지도 모른다. 하지만 소금이 없어진 탓에 입맛이 돌지 않을 것이고, 음식도 맛이 없을 것이다. 사람들은 먹는 일에서 재미를 느끼지 못해 음식을 즐겨 먹지 않을 것이고, 우리 몸 속의 피도 불순물들을 처리해주는 소금이 없어서 잘 흐르지 못할 것이다. 그러므로 소금은 우리에게 아주 중요하다.

5학년 여자아이가 소금에 대해 알게 된 지식을 풀어서 설명한 글이다. 소금에 대해 비교적 잘 소개하고 있다. 아쉬운 점은 특산물과 왜 바꾸었는지, 누가 바꾸었는지에 대한 설명이 약하고, 김치의 삼투압 작용에 대한 설명이 부족한 점이다. 소금에 관한 내용은 과학 시간에도 배우지만, 이처럼 전반적인 정보를 한번에 알 기회는 거의 없다.

이처럼 관련 도서를 통해 지식을 얻은 뒤, 중요 내용들을 바탕으로 설명글을 쓰게 하면 어설프게 알던 지식도 명확해진다. 이는 장기기억으로 이어질 가능성이 크다. 곧 설명문 쓰기는 효율적인 학습 방법으로서도 효과적이다.

설명문에는 지식이나 정보를 나열하는 글, 어떠한 현상이나 대상의 문제를 제기하고 그에 따른 해결책을 설명하는 글, 대상의 공통점과 차이점을 비교하거나 대조하는 글, 정보를 알기 쉽게 순서대로 나열하는 글이 있다. 5학년 교과서에서 배우는 설명문의 종류다. 글의 짜임을 알면 글에 따라 적절한 읽기 전략을 세울 수 있다. 가령 둘 이상의 대상을 비교하거나 대조한 글을 읽을 때에는 대상의 공통점과 차이점에 주목하여 읽을 수 있다. 글을 쓸 때도 글의 성격에 따라 적절한 형식을 택하여 보다 글을 좋아 보이게 할 수 있다. 예를 들어 강감찬 장군과 이순신 장군을 비교하는 글을 쓸 때는 두 위인의 공통점, 차이점에 주목하여 설명하면 전달하고자 하는 바를 보다 명확히 드러낼 수 있다. 글의 구조를 알면 좀 더 짜임새 있는 글을 완성할 수 있는 것이다.

9장

확장 중인 머리,
갈대 같은 마음
6학년

· 논설문, 자기소개서 쓰기 정복 ·

6학년 적기글쓰기

공사 중인 아이의 몸과 마음에
힘이 되어 주는 글쓰기를 시켜라

전두엽은 사춘기 이전까지 가완성되었다가 사춘기가 되면서 다시 확장 공사를 한다. 아이의 머릿속은 방을 넓히고 좁히느라 정신이 없다. 한편 사회에 대한 이해를 바탕으로 진로에 대한 고민을 시작하는 시기이기도 하다. 이러한 마음을 달래 주면서도 공사 중인 두뇌에 긍정적인 자극을 줄 수 있는 글쓰기 활동을 권해야 한다.

아이에게
미래의 모습을 그려 줘라

　　사춘기는 아이들이 진로나 이성, 성적에 대한 고민을 많이 하는 시기다. 또한 논리적이고 세련된 글을 쓰고자 애쓰는 시기이지만, 사유보다는 인터넷에 의존해 쓰는 경우가 더 많다. 인터넷을 이용하면 편리할 뿐만 아니라, 사실이나 근거를 곁들여 써야 하는 글이 많아진 이유도 있다.

　　6학년은 '예비 중학생'이라는 명칭이 더 익숙한 학년이다. 중학교 선행학습을 강요하는 현실 앞에서 글쓰기가 사고력을 키운다는 말은 '우이독경'일 뿐이다. 실제로 글쓰기 학원에 다니고 있거나 숙제를 내주지 않는 한, 글을 쓰는 아이를 찾아보기 어렵다. 그나마도 잔뜩 겉멋이 들어가거나 어설프게 어른의 것을 흉내 낸 글이 대부분이다.

　　다음은 『몽실 언니』를 읽고 쓴 아이의 글이다.

'몽실 언니'에서는 6.25 전쟁으로 인해 피해를 당했다는 사실과 다시는 그러한 전쟁이 일어나지 않기를 바라고 있다. 몽실이는 태어날 때부터 죽을 때까지 고달픈 삶을 살아 왔다. 가족과의 이별은 특히 더 했을 것이다. 이런 시련 속에서도 꿋꿋이 참고 이겨낸 몽실이가 자랑스럽고 대단하다. 나도 몽실이처럼 어떤 어려움이 있더라도 꿋꿋이 참고 이겨내도록 해야겠다.

어딘가에서 많이 본 듯한 내용의 글이다. '나도 몽실이처럼 어려운 일을 참고 이겨내겠다'는 아이의 다짐이 진실성 있게 느껴지는가? 이 글을 쓴 아이는 주인공이 겪은 어려움을 이해하지 못하고 있다. 살아가는 시대와 정서가 다르기 때문에 주인공의 상황을 공감하기 어려웠던 듯하다. 차라리 '주인공이 겪은 고통을 모두 이해하기는 어렵지만'이라고 솔직하게 표현했더라면 더 좋았을 것이다. 억지로 생각(마음)을 짜내어 글을 쓰기보다 마음의 소리에 귀 기울일 때 감동을 줄 수 있다.

아래의 글은 김녹촌 시인의 『어린이 시 쓰기와 시 감상지도는 이렇게』에 실린 어느 6학년 아이의 글이다.

먹

(…전략)
나는 먹과 한몸이 되어

한 올 한 올 진하게 풀려

떨리는 붓 끝에서 용솟음치고

힘차게 내긋는 획 속에서

살아 숨쉰다.

먹 속에 숨은

우리 민족의 얼과

민족의 혼이

한데 살아 숨쉬어

눈부신 정기를 발산한다.

(후략…)

어린이 백일장에 제출된 글로, 심사를 할 당시 아예 제쳐 두었다고 한다. 왜일까? 어른의 글을 흉내 냈기 때문이다. 많은 아이들이 이렇게 어른스러운 문장을 본떠 글을 쓰곤 한다. 이 시기엔 이렇게 노련한 글쟁이들이 등장한다.

오락가락하는 아이 마음, 모두 뇌 때문이다

사춘기 아이들은 어른의 세계를 동경하여 따라 하는 한편, 부모와의 관계에서는 균열이 생기기 시작한다. 부모의 과도한 기대와 욕심이 아이의 무조건적인 반항심과 만나 충돌하기 때문이다.

사춘기에는 전두엽의 변화 및 발달로 아이들의 판단력에 이상 징후가 나타난다. 기억력과 사고력을 주관하는 기관인 전두엽은 감정 조절과 판단력 등을 담당하는데, 보통 세 살 무렵부터 발달하기 시작해서 여성은 20대 중반, 남성은 30대 중반까지 발달한다. 그런데 다른 기관과 달리 지속적으로 발달하는 것이 아니라, 발달과 퇴보를 반복한다. 아이가 사춘기가 되면서 갑자기 판단이 오락가락하거나 쉽게 변덕을 부려 변덕쟁이라는 별명을 얻기도 하는 것은 모두 전두엽의 변화 때문이다.

전두엽은 사춘기 이전까지 가완성되었다가 사춘기가 되면서 다시 확장 공사를 한다. 관심사에 따라 머릿속에 만들어 놓았던 부모님의 방, 친구들의 방, 꿈을 설계하는 방, 놀이 및 취미 방 등의 공간을 부수고 다시 설계하는 시기가 바로 사춘기다. '부모님 방을 확장할까? 아님 조금 줄여서 친구방을 넓힐까? 아냐, 미래의 방을 만들어야겠어.' 아이의 머릿속은 방을 넓히고 좁히느라 정신이 없다. 그 결과 두뇌도 마음도 우왕좌왕 혼란스럽다.

몸은 커졌지만, 마음은 아직 어린아이다. 독립 의지는 불타지만, 스스로 할 수 있는 것은 별로 없다. 마음이 싱숭생숭하여 공부는 안 되고, 성적이 오르지 않으니 부모님에게 핀잔을 듣기 일쑤다. 자기 마음을 알아주는 사람은 친구밖에 없는 것 같아 피씨방과 노래방에 어울려 다니기도 한다.

부모 입장에서는 그런 아이를 이해하지 못하는 것은 아니지만, 내버려두자니 어긋날 것만 같아 불안하다. 그래서 자꾸 아이를 다그친다.

"지금 네가 그러고 다닐 때야? 중학생이 되면 공부가 얼마나 어려워지는 줄 알아? 이렇게 공부를 안 했다가는 나중에 대학도 못 가."

이럴수록 아이는 부모와 대화하는 걸 거부하게 된다. 마음대로 잘 안 되겠지만 애써 보자. 아이의 현재 모습을 지적만 할 것이 아니라, 아이가 만들어 갈 미래의 비전을 제시해 주고, 어떤 중학생이 되고 싶은지, 어떤 미래를 꿈꾸는지 묻자. 그래서 아이가 긍정적인 미래의 모습을 상상할 수 있도록 돕자. "지금 열심히 해야 성공할 수 있어."라는 말보다 "네가 어떤 미래를 만들어 갈지 무척 기대돼."라는 말을 해주는 편이 훨씬 효과적이다.

'뿌린 대로 거두리라'는 광고를 이제석이라는 사람이 제작했다는 것을 알고 관심을 갖게 되었다. 그러다가 '광고 천재 이제석'이라는 책을 읽었다. 공부를 못하던 아이가 세계적 광고 기획가로 발돋움하기까지의 과정을 설명했다. 이 책을 읽고 나서 바로 이제석은 나의 멘토가 되었다. 상업적인 광고보다 공익광고를 선호하는 면이 멋있었다. 이제석만의 확고한 뜻이 있는 것 같아서 더 좋았다. (후략 …)

글쓰기를 통해 아이의 꿈을 자극하고 힘을 불어넣어 줄 수 있다. 아이에게 좋은 멘토가 되어 줄 인물 이야기나 진로와 관련된 책을 읽고 함께 이야기를 나눈다면 말이다. 부모는 아이와 함께 진로를 탐색하고, 미래에 대한 희망을 이야기함으로써 꿈을 꾸게 해야 한다. 미래의 모습을 그리다 보면, 아이는 지금 당장 자신이 해야 할 일을 알게 된다. 그 결과 삶의 태도도 바뀐다. 다음은 6학년 여자아이가 음악인을 꿈꾸며 자신의 미래를 상상해 본 글이다.

> 2033년. 오늘 해오름 국립극장에서 우리 한국음악 퓨전밴드가 연주회를 연다. 제법 유명해진 덕분일까? 텔레비전 방송국에서도 취재를 하러 왔다. 우리의 퓨전밴드 이름은 '시작을 알리는 소리'로, 멤버는 나까지 총 9명이다. 서양악기와 디지털 악기 4개와 우리나라 악기 6개가 만나 이루는 소리는 참으로 아름답다. 대금, 피리, 아쟁, 해금, 소금, 타악기, 기타, 신디사이저 같은 악기들은 소리 조합이 매우 잘 맞는다. (…중략…) 진정한 성공이란 나로 인해 다른 사람이 조금이라도 행복해지는 것이라고 생각한다. 그러기에 난 성공한 인생이다. 사람들에게 우리의 음악으로 행복을 주고 있기 때문이다.

| 비속어는 아이의 표현력을 떨어뜨린다 |

어느 기관에서 조사한 결과, '헐, 짤, 지못미, 담탱이, 열공, ㅂ2ㅂ2, 짱나, 노잼, 더럽, 어솨요, 주자굿!, 어캐징……'을 비롯한 신조어나 축약어, 비속어가 중·고교생들의 대화에서 80% 이상을 차지한다고 한다. 언어 파괴는 초등학생들 사이에서도 일반적인 현상이다. 텔레비전이나 인터넷을 통해서도 퍼지고 있지만, 또래 친구들과 어울리면서 이 같은 말들은 끊임없이 재생산되고 있다.

은어는 다른 사람들이 알아듣지 못하도록 한 집단에서 쓰는 암호와 같은 성격을 가진 말이며, 속어는 격이 낮고 속된 말을 지칭한다. 은어 중에는 속어가 많기 때문에 은어와 속어를 구별하지 않고 쓰기도 한다. 이러한 말은 같은 무리끼리 비밀감과 소속감, 일체감을 느끼게 하는 반면, 다른 사람들과는 의사소통에 걸림돌이 되곤 한다.

쇼핑을 하던 중 딸아이에게 어울릴 만한 옷을 발견한 엄마가 스마트폰으로 촬영한 사진과 함께 "이 옷 어때?"라는 문자를 보냈다. 이에 딸은 "ㄴㄴ"이라고 답신을 보냈다. 아이의 문자를 본 엄마는 옷을 사서 집으로 돌아왔고, 옷을 본 딸은 "싫다고 했는데, 왜 사왔어?"라고 반응했다. 그러자 엄마가 당황하며, "네가 '네네'라고 했잖아."라고 말했다. '노노'란 의미로 보낸 'ㄴㄴ'을 엄마는 긍정의 의미로 이해한 것이다. 우스갯소리로 떠도는 이야기이지만, 웃고 넘길 수만은 없는 현실이기도 하다.

이러한 한글 파괴 현상은 글쓰기에서도 종종 나타난다. 아이들은 제대로 된 문장보다는 줄임말이나 신조어, 축약어를 이용해 문자인지 기호인지 모를 낱말로 공책을 채우곤 한다. 그러한 말들이 재미있어서이기도 하지만, 평소의 언어 습관 탓도 크다. 다른 낱말을 쓰려고 해도 마땅한 말이 생각나지 않는 것이다. 더군다나 학년이 올라갈수록 생각 없이 쓰는 글이 늘어나면서 점점 문장이 무너지는 모습을 보인다.

일기에 그림을 곁들이거나 글자와 그림을 섞어 쓰는 저학년 때와는 차원이 다르다. 아직 추상어가 낯선 저학년에게는 새로운 어휘 습득 과정에서 문자와 그림을 섞어 표현하기를 권장한다. 글쓰기 흥미를 부여하기 위해 글과 그림을 섞어 써도 무방한 나이이기 때문이다. 그러나 고학년은 저학년 때보다 배우는 추상어의 수가 많아지며, 이를 자주 활용하여 익힐 수 있어야 한다. 이때 축약어나 비속어를 자주 쓰다 보면, 우리말의 바른 사용법을 익힐 기회가 줄어든다. 격이 낮은 언어를 자주 써서 이로울 건 없다.

어휘력은 저절로 높아지지 않는다. 자기 것으로 만들기 위해서는 듣고 말하고, 읽고 쓰기를 수없이 반복해야 한다. 평생에 걸쳐 가장 많은 어휘를 배우는 시기가 학령기다. 특히 초등학교와 중학교 때는 두뇌 발달상 언어 교육의 최적기로, 자기만의 언어 사전을 만들어 가는 시기이기도 하다. 이때 비속어를 두뇌의 언어 사전에 잔뜩 담아 놓는다면 어디서나 비속어가 튀어 나올 것이다. 적절한 말이 떠오르지 않을 때일수록 더욱 그렇다. 따라서 어휘력을 늘릴 결정적인 시기를 놓치지 말고 올바른 언어 사용법을 가르쳐야 한다.

하지만 고운 말을 쓰라고 백 번 천 번 말한다 해도 통할 리 없다. 이보다 어른의 세계를 동경하고 현학적인 표현을 쓰고 싶어 하는 심리를 이용해서 '어려운 말 사전'을 만들어 볼 것을 권한다. 고학년을 지도할 때 자주 쓰는 방법 중 하나인데, 고사성어, 한자어, 유래가 담긴 말, 처음 접한 말들을 따로 모아 자기만의 낱말장을 만드는 것이다. 사전을 그대로 베끼는 것은 의미가 없으므로, 그 뜻을 자기 것으로 만들어 어떤 상황에서 쓰이는지를 적도록 한다.

아이들 낱말장 예시 ─────────────────────

- **개과천선** : 과거의 잘못을 고쳐 착한 사람이 된다는 의미.

258

(할머니에게 들은 얘기)도박만 하던 시골의 친척 아저씨가 있는데, 어느 날부터 갑자기 부인에게 잘하더니 지금은 농사일만 한다고 한다. 그럴 때 개과천선한 아저씨라고 쓰면 되겠다. '영원한 사형수' 이야기의 주인공 칼끝이 살인을 하고 교도소에 간 뒤 자신의 장기를 사람들에게 기증한 일도 개과천선한 것이다.

• **각골난망** : 은혜 입은 일은 뼈에 새기고 잊지 않는다.

'은혜 갚은 까치'의 까치와 '호랑이 형님'의 호랑이에게 쓸 수 있는 말이다.

• **천고마비** : 가을 하늘이 높고, 말이 살찐다.

가을에는 추석이 있어서 내가 살이 찌나 보다. 가을 하늘이 여름 하늘보다 푸르고 짙은 것 같기는 하다. 아~ 천고마비의 계절이 왔네, 나의 뱃살을 지켜다오.

• **혜안** : 편견을 버리고 진리를 통찰하는 눈이라고 생각됨.

어떤 판단이나 결정을 할 때 바른 눈을 가져야 한다는 말이다. 어른들은 성적이 우수한 아이가 착할 거라는 생각을 가진 것 같다. 우리들을 바라보는 혜안이 없는 것 같다.

이 일은 일기를 쓰듯이 꾸준히 해야 한다. 하지만 매일 하라고 하면 지칠 수 있으니, 일주일에 한두 낱말만이라도 몇 개월간 지속해 보길 권한다. 아이는 자기만의 고급스럽고 풍부한 언어 사전을 갖게 될 것이다. 이렇게 습득한 낱말을 평소 대화를 하거나 글쓰기를 할 때 활용하면 표현이 훨씬 더 풍성해진다.

문학과 비문학을
골고루 읽어야 할 때

　　　　　　6학년 쓰기의 목표는 글의 목적에 맞는 글을 스스로 조직하여 쓸 수 있도록 글쓰기를 생활화하는 것이다. 이를 위해 교과서는 다양한 글쓰기 유형을 연습하도록 구성되어 있다. 그중에서도 '주장과 근거를 드러낸 논설문 쓰기, 사회 현상을 바르게 인식하고 해결책을 모색해 볼 수 있는 기사문 쓰기, 소설을 읽고 이야기 바꿔 쓰기' 활동이 가장 두드러진다.

　교과서에서 논설문을 지도할 때, 가장 눈에 띄는 것은 읽기 자료의 주제다. '유기되는 동물, 우주 쓰레기 문제, 동물 실험의 문제'들이 지문으로 등장한다. 현대 사회에서 일어나는 온갖 문제들에 대해 아이들에게 정확하게 알려 주고 문제의 핵심을 찾아 해결책을 모색해 보도록 하기 위해서다.

　논리적이며 비판적인 사고가 발달한 아이들은 자신의 관점에 따라 이야기하기를 즐긴다. 문제는 사회에서 어떤 일들이 일어나고 있는지 아이들이 모른다는 점이다. 매일 영어 단어를 외우고 산더미 같은 수학 문제를 푸느라 바쁜 아이들이 우리 사회에서 어떤 일들이 일어나고 있는지, 그게 자신과 무슨 상관이 있는지 알 리가 없다. 더군다나 어른들은 딴 데 신경 쓰지 말고 공부만 하라고 강요한다. 아이들에게 세상은 국영수로 이루어져 있을 뿐이다.

이 시기의 아이들은 어떤 사물이나 대상, 현상에 대해 객관적으로 바라보고자 하며, 비판력과 논리력을 갖추어 나간다. 그런 아이들에게 우리가 살고 있는 사회가 어떤 모습인지, 어떤 상황에 처해 있는지 정확히 알려 주는 것은 대단히 중요하다. 아이 역시 이 사회의 구성원이며, 이 사회 안에서 삶을 영위해 나가기 때문이다. 사회를 모르고서야 어찌 꿈을 꾸고 꿈을 펼치기 위해 노력할 수 있겠는가.

아이와 신문을 읽으며 우리 사회의 현실을 보여 주자. 사실을 정확하게 알게 하는 일이 우선이다. 그런 다음 서로의 생각을 자유롭게 나누면 된다. 유의할 점은 정치인이나 연예인 등 유명인의 행동을 함부로 비난해서는 안 된다는 것이다. 비판 이전에 비난을 먼저 배울 수 있기 때문이다.

고학년으로 올라갈수록 학교에서는 문학책보다 지식 책 읽기를 권한다. 부모 역시 아이에게 더 이상 시집이나 소설책을 사주지 않는다. 아이들도 숙제와 공부에 치여서 그런 책을 읽을 엄두조차 내지 못한다. 더 이상 우뇌를 자극하여 상상력을 깨워 줄 활동이 줄어드는 것이다. 이런 상황에서 기존의 작품을 바꿔 써보는 작업은 아이들의 잠재된 능력을 자극시키는 효과가 있다.

1인칭 주인공 시점이 대부분인 저학년을 위한 동화와 달리 고학년을 위한 동화에는 3인칭 작가 시점이 등장한다. 인물의 행동을 객관적으로 바라보고 사실과 허구를 완전히 구분할 줄 아는 시기이기 때문이다. 따라서 기존 작품을 바꿔 써보는 활동을 충분히 할 수 있다.

소설 속의 인물을 바꿔 보거나 배경을 바꿔서 새롭게 창작하는 일은 글쓰기의 즐거움을 선사한다. 아이들의 글 속 주인공에는 자신의 현재 모습이나 염원이 투영되어 있다. 자신의 이야기 혹은 하고 싶은 말을 담아내는 것이다. 이는 아이에게 대리 만족감을 준다.

님의 침묵

OMR은 갔습니다.

아아. 밀려쓴 나의 OMR은 갔습니다.

밝은 책상을 깨치고 감독관을 향하여 난 작은 길을 걸어서 차마 떨치고 갔습니다.

DC인의 덕후치같이 굳고 빛나던 시험 공부는 하나도 답하지 못하고 죽음의 종소리에 날아갔습니다.

날카로운 시험공부의 추억은 나의 성적의 지침을 돌려 놓고 뒷걸음쳐서 사라졌습니다.

나는 어머니의 잔소리에 귀먹고 날아온 성적표에 눈멀었습니다.

실수도 실력이라 체크할 때 밀려 쓸 걸 염려하고 경계하지 아니한 것은 아니지만 실수는 뜻밖의 일이 되고 놀란 나는 어머니께 터집니다.

그러나 성적은 쓸데없는 눈물의 원천을 만들고 마는 것은

스스로 목숨을 깎는 것인 줄 아는 까닭에

걷잡을 수 없는 성적의 힘을 옮겨서

온라인 게임에 들이 붓습니다.

우리는 중간고사 볼 때 잘 볼 것이라고 믿듯이 기말고사 때 잘 볼 거라는

것을 믿습니다.

아아, 시험은 끝났지만 나의 공부가 끝나지 아니하였습니다.

제 성적을 못이기는 죽음의 아우라는 어머니의 침묵을 휩싸고 돕니다.

중학교 2학년 아이가 쓴 한용운의 〈님의 침묵〉을 패러디한 글이다. 원작을 이미 알고 있기 때문에 이 글이 재미있게 와 닿는다. 이 글을 쓴 아이 역시 원작과의 차이를 느끼며 새롭게 써보는 즐거움을 맛보았을 것이다. 기존 작품을 바꿔 쓰는 활동은 아이들에게 창작의 색다른 맛을 선사한다.

마음일기 쓰기로
감정 조절 능력을 길러라

요즘 툭하면 짜증이 난다. 참 이상하다. 동생이 조금만 건드려도 짜증이 나고 엄마가 심부름을 시킬 때도 짜증이 난다. 짜증이 나서 엄마한테 화를 내면 내가 더 짜증이 난다. 요즘 왜 이러는지 모르겠다. '안 그래야지, 안 그래야지'하면서도 계속 그렇게 되니 짜증이 나서 반항도 하게 되고, 마음이 참 이상하다. 예전의 내가 아닌 것 같아서 속상하다.

　6학년 여자아이의 일기다. 예전 같지 않은 자신의 모습에 속상하다고 말하는 아이의 글에서 스스로 마음을 다스리지 못해 당황하고 있음을 알 수 있다. 6학년 아이들은 대체로 이렇다. 어제는 분명 좋다고 했는데, 오늘은 싫단다. 전두엽의 재확장 공사 기간 동안 아이들은 예전과 다른 모습을 보인다. 인성에 문제가 있거나 친구를 잘못 사귄 탓이 아니라, 모두가 전두엽 때문이다. 감정 조절이 잘 안 되어 웃으면 안 되는 자리에서 웃음을 터트리는가 하면, 약간 슬픈 장면을 보고도 펑펑 눈물을 흘린다. 쓸데없이 많이 울고 웃는다. 그러는 자신이 민망해서 괜히 소리를 버럭 지르기도 한다. 이 시기 대부분의 아이들이 마음의 갈피를 잡지 못한다.

아이들의 마음을 더욱 자세히 들여다보자.

이성에 눈을 뜨면서 자꾸 눈길이 가는 아이가 생긴다. 자꾸만 그 아이의 말과 행동이 어른거린다. 친구들과 그 아이에 대해 이야기하고 싶지만, 지나치게 관심을 보이면 놀림을 당할 수도 있으니 적당한 선에서 말을 돌려야 한다.

놀고 싶은 마음과 달리 현실은 공부할 게 산더미다. 학원 숙제도 엄청 많아졌다. 엄마의 폭풍 잔소리를 듣고 나면, 하기 싫지만 해야 하는 현실 앞에서 더욱 도망치고 싶어진다. 이럴 때 소설책을 읽거나 게임을 하고 나면 머리가 시원해진다. 특히 요즘 재미가 들린 추리 소설과 로맨스 소설은 스트레스 해소에 딱이다. 결국 공부를 한다고 책상 앞에 앉지만 소설책을 읽거나 게임을 하거나 스마트폰으로 친구들과 긴 수다를 떨며 시간을 보내고 만다.

중학교에 가면 공부가 더 어려워진다며, 선생님도 엄마도 으름장을 놓는다. 어른들이 자꾸만 겁을 주니 아이는 잘해 낼 자신이 없다. 대체 중학교에서는 왜 그렇게 많은 공부를 시키는 걸까? 중학교에 다니는 사촌언니는 별로 힘들어 보이지 않는데, 어른들은 왜 힘들다고 하는지 도무지 알 수가 없다.

이 시기를 지나고 있는 아이들의 일반적인 마음이 이러할 것이다.

| 마음일기를 권하는 이유 |

6학년쯤 되면 더 이상 일기를 쓰는 아이를 찾아보기 힘들다. 그런데 승현이는 일기장에 이름까지 붙여 가며 마치 친구처럼 대하고 있었다. 우연히 『안네의 일기』를 접하고 난 뒤 자신의 일기장을 더욱 소중히 여기게 되었다고 한다.

> 마시야. 오늘 '안네의 일기'라는 책을 봤어. 세계 2차 대전을 배경으로 한 책인데 유대인 집안에서 태어난 안네 프랑크라는 소녀가 일기를 쓴 것을 엮은 책이야. 안네는 뛰어난 문장력과 풍부한 감성을 가지고 있는 아이야. 하지만 그런 소녀가 세계 2차 대전 때 죽은 게 너무나 아깝다고 생각해. 그 소녀가 나중에 커서 어떤 새로운 역사를 써낼지 누가 알아? 아! 그리고 그 안네에게는 '키티'라는 친구가 있는데 안네가 아끼는 일기장이야. 매일 안네가 키티에게 자기 마음을 보여준 것처럼 나도 매일 너(마시)에게 나의 마음을 쓸 거야. 마시야 오늘 이 책으로 인해 네가 더 소중하게 느껴졌어. 나의 마음을 알아주는 마시야. 정말 고마워.

일기장에 이름을 붙이고 숨을 불어넣어 준 덕분인지 아이는 일기를 꾸준히 쓰는 모습을 보였다. 특히 속상했던 일이 있을 때면 꼭 일기를 쓴다고 했다. 다음은 그중 하나로, 엄마에게 상처받은 일을 마치 마음이 맞는 친구에

266

게 이야기하는 것처럼 털어놓았다. 비록 진짜 친구는 아니지만, 승현이는 일기를 쓰면서 친구에게 하소연하는 듯한 기분을 느꼈다.

마시야, 저녁을 먹고 나서 엄마가 갑자기 과학연수원에 갔을 때 "어떻게 지연이를 놔두고 다른 방에서 다른 친구들이랑 같이 잘 수가 있냐."고 했어. 그때 지연이랑 같은 방이었는데 지연이가 아팠거든. 그때 일은 내가 잘못한 것 내가 인정해. 그런데 계속 엄마가 아빠한테 그 일을 얘기하면서 어떻게 네가 그럴 수 있냐면서 같은 말을 반복하는 거야. 진짜 한 번만 말하면 됐지, 짜증나게 하는 거야. 엄마는 그냥 하는 말이겠지만 나한테는 얼마나 스트레스가 되는지 모를 거야. 나는 꾹 참고 있는데 눈물도 엄청 참고 있는데 엄마는 그걸 모르는 것 같아. 그 일을 계속 질질 끌잖아. 내 잘못이 있으니까 입 쪽 닫고 있는 거야. 하지만 이번엔 진짜 속상해. 너만이라도 내 이야기를 들어 줬음 좋겠다. 지금도 엄마는 나 다 들리게 한숨만 푹푹 쉬어. 난 엄마의 그런 행동이 너무 싫고 짜증나. 엄마는 왜 그럴까? 진짜 왜 그럴까?

아이들의 이런 복잡하고 정신없는 감정 상태를 달래 줘야 한다. 이때 가장 좋은 방법이 바로 일기 쓰기다. 그동안의 일기와 다른 점이 있다면, 바로 일상이 아닌 마음의 상태에 집중한 일기라는 점이다. 하지만 일기 검사로 인해 솔직한 마음을 쓸 수 없을뿐더러 글을 쓸 시간조차 없는 게 아이들의 현실이다.

알다시피 일기는 마음을 정화시켜 준다. 또 사춘기 때의 일기는 미래의 꿈을 구체화시켜 준다. 아이들에게 미래는 불안하지만 희망의 대상이다. 그런데 어른들은 지금 당장 공부하지 않으면 중학교에 가서 큰일 난다고 겁을 준다. 이러한 부정적인 생각을 긍정적인 마인드로 바꿔 주는 것이 일기다. 일기를 꾸준히 쓰는 사람들은 공통적으로 긍정적인 마인드를 가진다고 한다.

감정을 솔직하게 드러내고 변덕스러운 감정을 인정하는 사이, 아이는 자신의 변화무쌍한 감정을 이해하게 된다. '지금 왜 이렇게 슬프고 우울한지, 왜 자꾸만 화가 나는지' 등 자신의 감정을 글로 쓰다 보면 어느새 다양하고 복잡한 감정 상태들이 정리가 된다. 감정들의 실체를 알고 나면, 나중에 다시 비슷한 감정에 처했을 때 적절하게 대처할 수도 있다. 그만큼 감정 조절에 실패할 확률이 줄어든다. 서운한 감정을 화로 풀어 친구와 사이가 멀어지거나 엄마에게 못된 말로 상처 줄 일도 줄어들게 된다. 감정에는 좋은 감정, 나쁜 감정이란 없다. 단지 잘못된 감정 표현법이 있을 뿐이다. 마음일기는 내 감정의 참 모습, 내 마음의 상태를 읽는 방법들을 일깨워 줌으로써 감정으로 인해 다치는 일을 막아 준다.

| 마음일기를 아이에게 권하는 방법 |

마음일기란 색다른 일기 형식이 아니다. 그저 마음을 솔직하게 표현하는 글이다. 자신이 생각하는 것들, 마음에 두고 있는 것들, 어떤 사물이나 대상을 보았을 때의 느낌들을 솔직하게 쓰고, 이때 어떤 감정이 들었는지 적으면 된다.

아이에게 예쁜 일기장을 선물하며, 마음일기를 써보라고 권해 보자. 다만 일기장을 선물했다고 해서 이제까지 글쓰기를 멀리했던 아이가 선뜻 일기를 쓸 거라고 기대해서는 안 된다.

6학년이 되면서 부쩍 날카로워진 아령이의 태도에 아령이 어머니는 무척 당황한 듯 보였다. 그런 아령이에게 화가 치밀었다가도 저러다 말겠지 하는 날이 반복되다 보니, 아령이 어머니는 미쳐 버릴 것만 같다고 털어놓았다. 안타까운 마음에 나는 아이와 일기를 써보라고 권했다.

처음에 반신반의하던 그녀는 여러 날 고민 끝에 아이를 달래 함께 일기를 쓰기 시작했다. "엄마랑 무슨 일기를 써?" 하던 아이도 며칠이 지나자 "엄마가 글을 쓰는 거 보니깐 신기하네." 하는 반응을 보였다. 누가 볼까 싶어서 손으로 가리고 쓰던 일기도 어느 날부터 편안한 자세로 쓰기 시작했다. 한 달쯤 지나자 "엄마, 내 일기 보고 싶어? 그럼 봐도 돼." 하며 한걸음 다가와 주었다.

아령이 어머니는 그동안 마음속에 있던 분노와 배신감, 속상한 감정들이 한꺼번에 날아가면서 자신도 모르게 눈물이 나왔다고 한다. 집안 분위기도 예전보다 훨씬 밝고 활기차게 바뀌었다며 기뻐했다.

물론 이렇게 되기까지 아령이와 아령이 엄마는 복잡 미묘한 감정이 오고 갔을 것이다. 가슴을 여러 번 쓸어 내렸을 것이며, '아이와 일기를 쓰는 게 과연 가능한 일일까?' 하는 마음이 하루에도 수십 번 들었을 것이다. 그럼에도 포기하지 않고 아이를 어르고 달래며 함께 일기를 써 나갔다.

사실 일기를 쓰고 난 뒤 아령이만 변한 것은 아니었다. 아령이 엄마도 달라졌다. 아이를 향한 자신의 태도를 되돌아보는 계기이자 지친 마음을 달래는 위안의 시간이 되었던 것이다. 그 덕분일까? 일기를 쓰기 시작하고 보름쯤 지나자 아이가 달라 보이기 시작했다. 그러고 나서 얼마 후 아이가 마음을 열고 일기장을 공개한 것이다.

아령이네처럼 아이와 함께 일기를 써보는 건 어떨까. 자연스럽게 마음 일기를 쓰는 습관을 만들어 줄 수 있다. 원하지 않으면 아이의 일기를 읽지 않겠다는 약속을 사전에 반드시 해야 한다. 엄마가 펜을 들고 무언가를 쓰는 장면은 아이들에게 깊은 인상을 남긴다.

6학년 아이들에게 꼭 필요한
3가지 활동

| 불만 가득한 아이에게 제격인 논설문 쓰기 |

논설문은 자기의 의견이나 생각을 주장하는 글이다. 주장을 하기 위해서는 반드시 근거가 있어야 하며, 근거는 상대를 설득할 힘을 가지고 있어야 한다. 근거가 없는 주장은 그저 떼쓰기에 불과하다.

가정에서 흔히 벌어지는 상황으로, 아이가 용돈을 올려 달라고 했다고 하자. 아이는 용돈이 더 많아야 하는 까닭을 분석해서 내밀어야 할 것이다. 용돈을 올려야 하는 까닭이 합당하다면, 부모는 용돈을 올려 줄 것이고, 합당치 않다면 올려 주지 않을 것이다. 물가가 상승했으니 그에 비례하여 용돈역시 올라야 한다고 명확하게 근거를 제시한다면 설득력이 높아질 것이다.

논설문은 상대를 설득하는 데 목적이 있다. 설득력을 높이기 위해서는 근거가 명확해야 한다. 문제에 대해 분석한 자료나 이론, 관련 사진과 통계 자료들을 첨가하면 더욱 좋다. 하지만 초등학생들의 경우, 관련 자료를 분석

271

하거나 이론을 내세우는 일이 쉽지 않기 때문에 경험에 의한 근거도 설득력을 갖는다. 예를 들어 겨울철 내복을 입었을 때와 입지 않았을 때 추위의 강도가 어땠는지 자신의 개인적인 경험을 근거로 들 수 있다. 좋은 논설문이란 생활 속에서 겪은 일들을 주제로 자신의 주장을 내세우는 것이다.

6학년에게 논설문 쓰기를 권하는 까닭은 상대를 설득해서 자신의 생각대로 이끌 수 있다는 점 때문이다. 이 시기의 아이들은 부모를 향해, 세상을 향해 억울한 일도, 불평 사항도 많다. 논설문 쓰기는 이러한 불만을 정당하고 논리적으로 표현하는 기회를 제공한다. 불만은 감정적으로 표현되게 마련인데, 이를 정당한 주장으로 만들기 위해서는 이성적이고 논리적인 사고 과정이 필요하다. 논설문 쓰기는 감정을 조절하는 데도 도움이 되는 것이다.

논설문을 쓸 때는 부당하다고 느끼거나 바로 잡고 싶은 문제들에서 글감을 찾는 것이 좋다. 아이들에게 좋은 글감은 부모나 형제자매를 비롯해 학교, 친구처럼 생활과 밀접한 주제들이다. '스마트폰 사용 시간을 제한해야 할 것인가, 초등학생의 용돈으로 적당한 액수는 얼마인가' 등 생활 속에서 겪는 일들 가운데 개선이 필요한 것들을 소재로 삼는다. 이에 대해 고민하고 대안을 찾는 과정 속에서 사고력이 향상된다.

그 밖에 아이들이 알아야 하는 사회 현상 속에서도 글감을 찾을 수 있다. 예를 들면 학교 폭력이나 인터넷 신조어로 인한 한글 파괴 현상, 동물 복제와 생명 윤리, 장애인 이동권과 관련한 주제들도 좋다. 사회 현상 속에서 글감을 찾을 경우, 아직 아이들의 지식이 부족할 수 있으므로 사전에 관련 자료를 읽고 충분히 이야기를 나눈 뒤 논설문을 쓰게 해야 한다. 문제에 관해 정확히 알아야 올바른 주장과 근거를 제시할 수 있기 때문이다. 주제와 관련하여 주장과 근거를 충분히 나열해 본 뒤, 이미 5학년에서 설명했던 개요 세우기를 활용하여 짜임새 있게 글을 쓰게 하자.

아이와 함께 신문을 읽다 보면 논설문에 친숙해질 수 있어 좋다. 신문은 사회 이슈가 가장 많이 등장하는 매체이므로 아이와 나눌 수 있는 이야기가 많다. 대화를 통해 사회 전반에서 발생하는 일들을 자연스럽게 알려 줄 수 있으며, 아이의 생각을 파악할 수 있다.

논설문 쓰기 지도의 핵심은 아이의 비판이나 논리가 미숙하더라도 끼어들지 않고 끝까지 들어주는 것이다. 간혹 지나치게 개인적인 감정을 호소한다면 "너의 감정을 상대가 이해할 수 있도록 좀 더 객관적인 말로 표현"해 보라고 얘기해 주는 정도의 지도가 좋다.

아래의 글은 야생동물이 멸종되고 있는 현실을 신문 기사에서 읽고 관련 자료를 찾아 생각을 나눈 뒤 쓴 6학년 아이의 논설문이다. 야생 동물 보호나 환경 보호와 같은 내용은 이미 결론이 정해져 있다. 당연한 결론이 도출되는 주제라 해도 글을 써보게 해야 한다. 아이들이 알아야 하며 배워야 할 문제들이기 때문이다. 지면상 많은 부분을 생략했지만, 아이는 나름대로 주장에 명확한 근거를 대고자 노력했다.

지구에는 3천만 종이나 되는 생물들이 계속 진화해 왔다. 하지만 야생동물은 지금 아주 빠른 속도로 멸종되거나 수가 감소하여 생태계가 파괴되고 있다. 한 종이 멸종하면 그와 도움을 주고 받는 다른 종의 생물도 멸종하는 도미노 현상이 생긴다. 그래서 더욱 야생동물 보호에 대한 대책마련

이 시급하다.

야생동물이 멸종되는 첫 번째 원인은 사람들이 마구잡이로 잡아들이기 때문이다. 야생동물을 불법으로 잡는 이유는 야생동물로부터 고기, 알, 모피, 털, 약, 상아, 뿔 등을 얻기 위해서이다. 특히 야생동물의 가죽으로는 값이 비싸고 화려한 신발, 지갑, 코트, 핸드백 등을 만들기도 한다. (…중략…)

가장 중요한 일은 우리가 야생동물 멸종의 심각성을 잘 알고 이를 위해 할 수 있는 일을 실천하는 것이다.

야생동물이 멸종되는 이유는 대부분 사람들의 욕심 때문이다. 야생동물이 사라지면 관련된 생물도 살 수 없게 되고 줄줄이 다른 생물들이 멸종하여 결국 생태계가 파괴된다. 생태계가 파괴되면 자연을 이용하고 자연의 도움을 받는 사람들이 다시 피해를 입을 수밖에 없다. 생태계를 지키는 일이 우리를 지키는 방법이다.

| 신문을 읽고 공부하는 방법 |

신문은 저렴한 비용으로 많은 것을 얻을 수 있는 최고의 교재다. 우선 짧은 시간을 투자해 아이와 읽을거리를 공유할 수 있으며, 이를 통해 지속적으로 대화할 수도 있다. 사회적 이슈에 대해 이야기하면서 아이는 부모의 생각을 듣게 되고 자신의 생각에 새로운 지식을 보태기도 한다. 자연스럽게 사회 전반의 일들을 알게 되고, 그로 인해 주변 상황에 관심을 갖게 된다. 가령 제 3세계 사람들의 어려움을 국제기구에서 도와야 한다는 기사를 접하고 나면 우리나라 혹은 우리 동네의 어려운 사람들 이야기에 예전보다 관심을 가지게 된다.

신문에서 얻은 배경지식과 추상어는 어휘력을 향상시키고 공부에 도움이 된다. 하지만 신문의 분량이 많기도 하고, 워낙 다양한 영역을 다루고 있어서 아이가 처음부터 기사를 골라 읽기는 역부족이다. 우유를 살 때 동네 가게와 대형마트 가운데 어느 쪽이 더 빠른 선택을 할 수 있을지 생각해 보면 쉽게 이해될 것이다. 너무 많은 정보들 가운데 적절한 것을 고르라고 하면 찾기 어렵다. 따라서 아이가 관심을 가질 만한 기사, 읽기를 바라는 정보를 중심으로 골라 주어야 한다. 처음에는 정치나 경제 이야기보다 교육이나 문화 영역에서 골라 주는 것이 낫다.

읽을거리를 골랐다면, 이제는 잘 읽어야 한다. 어려운 어휘와 중요하다고 생각되는 문장에 밑줄을 긋게 한다. 어려운 어휘나 개념어들은 앞에서 소개한 낱말장 만들기 방법으로 정리한다. 그리고 글의 내용을 요약한 뒤 글에 대한 자기 생각을 덧붙일 수 있도록 하자. 글쓴이의 의도를 보완하거나 이에 반대하는 내용이어도 좋고, 기사 내용과 관련하여 새롭게 떠오른 생각이나 해결 방안이어도 좋다. 신문 읽기에서 가장 중요한 것은 쓰기보다 잘 읽는 것이다. 잘 읽고 이해하기만 해도 쓰기가 쉬워진다.

| 자기소개서의 의미를 알면 쓰는 것이 쉬워진다 |

　한 포털 사이트에서 연재 중인 만화의 한 장면이 화제가 된 적이 있다. 만화 주인공이 "안녕하세요. 저는 어떤 초등학교 1학년 1반 이철구입니다." 라며 음률을 넣어 자기소개를 한다. 이 장면이 화제가 된 까닭은 천편일률적인 자기소개를 정확히 짚어 내고 있기 때문이다. 예전이나 지금이나 아이들은 자기를 소개할 때 비슷한 리듬을 타며 같은 내용의 소개서를 읽듯이 말한다. 반장 선거 때면 늘 "만약 제가 반장이 된다면 우리 학급을 위해 열심히 일하겠습니다." 일색이다. 심지어 말투까지 같다.

　저학년은 아직 자신의 모습을 객관적으로 보지 못한다. 대신 다른 사람의 눈으로 자신을 보게 된다. 나의 모습은 부모가 보는 모습이고 친구가 보는 모습이다. 그래서 자기소개를 할 때 마치 옆에 있는 친구를 소개하는 것처럼 말한다. 그러니 한 반 전체가 하나같이 똑같은 자기소개서를 가지고 있는 것이다. 고학년이 되면 자기를 좀 더 객관적으로 볼 수 있게 되고, 남들과 다른 자신의 이야기를 하고 싶어 한다. 하지만 자신을 표현하는 건 역시 벅차다.

　자기소개는 타인과의 소통을 시작하는 시점에서 중요한 매개 역할을 한다. 처음 만난 사람과는 대화의 첫 단추가 되어 주는 만큼 사회생활에서 더할나위 없이 중요하다. 입시나 취업에서 자기소개서를 가장 먼저 보는 이유도 여기에 있을 것이다. 더욱이 자기소개서가 입시에서 중요한 위치를 차지하고 있는 만큼 이에 대해 정확히 이해하고 아이들을 지도할 필요가 있다.

　다음 글은 아이들의 일반적인 자기소개서다.

안녕하세요? 저는 저는 OO초등학교 6학년 2반 19번 김지원입니다. 가족은 보모님과 2학년인 남동생이 있습니다. 우리 아버지는 중소기업 사장이십니다. 우리 어머니는 요리를 잘 하시고 우리를 살뜰히 돌봐주십니다. 저의 취미는 노래 듣기입니다. 가수 중에서 EXO를 좋아합니다. 저는 커서 가수를 만드는 엔터테인먼트 회사의 사장이 되고 싶습니다.

자기소개서는 말 그대로 자기를 소개하는 글이다. 이 글에서처럼 굳이 아버지의 직업이나 지위를 소개하고 어머니의 역할을 말할 필요는 없다. 자기를 소개하는 이유는 상대방과 소통하기 위한 것이지 자기 자랑을 하기 위해서가 아니다. 다만 'EXO를 좋아한다' 와 같은 친구들과의 공감을 얻기 위한 장치는 사소할지라도 상대와의 소통을 끌어내기에 충분하다. 아이에게 위의 자기소개서를 고쳐 써보게 했다. 다음은 그중 일부다.

원래는 조용하고 소심해서 혼자 노래 듣는 걸 좋아했었는데 지금은 조금 활발해졌습니다. 앞으로는 친구들과 더 잘 어울리고 싶습니다. 가수 중에는 EXO를 좋아해서 팬클럽 활동도 하고 있습니다. 여러분 중에 EXO를 좋아하는 친구가 있다면 같이 팬클럽 활동하면서 친하게 지내면 좋겠습니다.

여전히 아쉽기는 하지만, 성격과 흥미, 활발해지고 싶다는 희망까지 자신의 진솔한 모습을 대화하듯이 잘 담아냈다. 이를 불필요한 내용 대신 넣으면 훨씬 나은 소개서가 될 것이다.

자기소개서를 써보는 일은 진로 탐색뿐만 아니라 상대와 소통하고 공감하는 연습이 된다. 자기소개서는 자신의 정보를 드러내는 글이다. 따라서 가장 먼저 자신에 대한 정보를 어느 정도 밝혀야 할지 정해야 하는데, 그러기 위해서는 자기소개서를 누가 왜 보는지를 알아야 범위를 정할 수 있다. 그러면 불필요한 것들을 줄여 갈 수 있다. 흔히 가장 먼저 밝히는 나이나 학교, 학년, 가족 소개, 성장 배경, 성격, 취미, 특기, 좌우명 같은 내용은 필요하지 않은 경우가 더 많다.

상대방에게 알려 줄 자신의 정보를 정했으면 단순히 정보를 나열해서는 안 된다. 정보를 나열하는 것만으로는 상대에게 아무런 공감을 주지 못한다. 자신의 경험 중에서 인상적인 내용이나 감동적인 일들로 에피소드를 작성하고 깨달은 바와 교훈을 함께 적어야 한다. 다시 말해 스토리텔링을 해야 한다. 단 자신이 주인공인 이야기이되 진실만을 담아야 한다.

일반적으로 자기소개서는 다음과 같은 과정을 거쳐 쓰게 된다.

가장 먼저 자기가 좋아하는 것(흥미), 자기가 잘하는 것(적성), 그리고 삶에 대한 자기만의 기준(가치관, 인성)을 찾는다. 그리고 그것들을 실천하여 삶을 살아갈 때 얻는 행복을 그려 보고(꿈), 이에 적합한 역할 모델을 찾아 공부하고 직업을 찾아본다. 이를 통해 대학이나 회사와 같은 짧은 미래만이 아니라 결혼 등의 긴 미래를 포함한 일생의 진로 계획을 세워 본다.

위의 사항들을 정리하여 재미있는 에피소드로 꾸려서 자기소개서에 담으면 되는데, 성인에게도 아주 힘든 작업이다. 이러한 것들이 있는지조차 모르는 초등학생한테 요구하는 것은 다소 무리다. 물론 진로 탐색을 통해 위의 것들을 찾도록 도울 수 있지만, 시간이 많이 걸린다.

자기소개서는 절대 자기 자랑이 되어서는 안 된다. 아이에게 자기소개서는 소통의 출발점이라는 것을 인식시켜 주어야 한다. 실제로 입시를 위한 자기소개서를 살펴보면, 무엇이 중요한지 확실하게 느낄 수가 있다.

국제중학교부터 시작해 국제고, 과학고, 자사고 등 특목고 입시에서 핵심 부분을 차지하고 있는 것이 바로 자기소개서다. 특히 요즘은 수능의 변별력이 사라지고 있는 추세로 수시 선발이 70%로 늘어날 계획이며, 학생부 종합 전형 선발 인원은 전체 선발 인원의 20%에 육박하고 있다. 학생부 종합 전형을 준비하기 위해서는 학생부 관리와 자기소개서, 면접을 준비하는 것이 필수다.

자기소개서 이외에는 성적을 비롯해 입시와 관련된 여타의 평가 항목이 존재하지 않으므로 무엇보다 학생의 특성을 잘 드러내는 자기소개서의 작성이 중요하다. 교내외 입상 내역이나 자격증 또는 토익과 같은 시험 점수의 기재 역시 금지하고 있으며 학교외적으로 타인의 도움을 통한 활동 내용은 간접적으로도 쓸 수 없다. 자기 이야기 외에는 부모의 직업조차 쓰면 안 된다. 수상 실적이나 자격증 따위는 타인의 기준에서 바라본 것으로 아이의 내면을 드러내지는 못하기 때문이다.

아이의 생각, 꿈, 그동안 해온 활동 등 아이만의 이야기가 자기소개서에서 점점 중요해지고 있다. 아이 스스로 주도적으로 학습하고 피드백했던 과정들을 설명할 수 있어야 하고, 학교 내에서의 여러 활동 경험과 그때 느낀 감정들을 전달할 수 있어야 한다. 다시 말해 결과를 나열하는 것이 아니라 과정과 그에 따른 느낀 점들이 중요하다는 것이다.

전형의 최종 단계인 면접은 자시소개서를 바탕으로 질문이 진행된다. 면접 역시 일종의 대화이므로, 상대에 대한 이해가 필요하다. 상대가 달라지면 자기소개도 달라져야 한다. 각 학교마다 교육의 이념과 목표, 원하는 인재상이 다르다. 따라서 자기소개서와 면접은 이러한 학교의 특성을 무시해서는 안 된다.

대다수 학교에서 이러한 점들을 잘 표현할 수 있도록 자기소개서 양식을 안내하고 있다. 한 국제중학교의 자기소개서에 담아야 하는 내용들을 살펴보자.

자기주도 학습 영역 ————————————

1. 자기주도적 학습 과정 및 진로 계획

본인이 스스로 학습 계획을 세우고 학습하고 평가해 온 자기주도적 학습 과정과 이를 통해 이룬 성과와 느꼈던 점에 대해 기술하고 ○○ 국제중학교에 지원하게 된 동기와 중학교에 입학한 후 본인의 학습 계획과 중학교 졸업 후 진로 계획에 대해 구체적으로 적어 주십시오. (띄어쓰기 포함하여 800자 이내)

2. 독서 경험

본인의 독서 경험에 대해 소개하고 읽은 책 중에서 중요하게 생각하는 1권을 선정하여 그 책을 통해 배우고 느낀 점을 적어 주십시오. (띄어쓰기 포함하여 400자 이내)

　　초등학교 재학 기간 중의 여러 활동(교내외 동아리 활동, 봉사 활동, 체험 활동, 단체 활동, 취미 활동, 문화 활동)에 대한 소감과 이러한 활동을 통해 자신의 인성 요소(배려, 나눔, 협력, 타인 존중, 갈등 관리, 관계 지향성, 규칙 준수 등)가 어떻게 성장하고 있는지 적어 주십시오. (띄어쓰기 포함하여 800자 이내)

　　학교 입시 설명회에 가보면, 국제중학교의 특성과 연계해 그 학교에 관심을 갖게 된 동기, 꿈과 끼를 살리기 위한 활동 계획과 중학교 졸업 후 진로 계획을 작성해야 한다고 안내하고 있다.

　　자기주도 학습 영역은 학습을 위해 주도적으로 수행한 목표 설정, 계획, 학습 그리고 그 성과에 대한 평가까지 작성해야 한다. 인성 영역은 봉사와 체험 활동을 포함해 나눔, 협력, 타인 존중, 규칙 준수 등에 대해 초등학교 내에서의 활동 실적을 바탕으로 배우고 느낀 점을 서술해야 한다.

　　대부분 자기소개서는 1500자 분량으로 양이 많지 않고 핵심만 쓰게 되어 있다. 따라서 결코 나열만 해서는 안 되고 기억에 남는 경험 두세 개를 선택해 자기 이야기를 해야 한다. 학교에서는 크게 자기주도 학습 영역과 인성 영역으로 나누어 질문하고 있는데, 이는 흥미와 적성을 하나로 묶어 아이의 과거를 이해하고, 가치관과 꿈을 통해 미래의 모습을 이해하기 위해서다. 따라서 질문을 잘 이해하고 그에 맞는 답을 해야 한다.

　　중학교 진학 시 자기소개서를 요구하는 곳은 드물다. 그럼에도 여기에서 굳이 설명한 이유는 아이가 커갈수록 그 중요성이 점점 더 중요해지기 때문이다. 갑자기 자신에 대해 말하려고 하면, 아무것도 생각나지 않는다. 평소 아이가 자신에 대해 관심을 가지고 자신의 특성은 무엇인지, 잘하는 것은 무엇이며, 앞으로 하고 싶은 일은 무엇인지를 고민하는 시간을 가져야 한다. 자신의 흥미와 적성을 알아야 미래를 그릴 수 있다.